LAROUSSE

Recetas para la FAMILIA

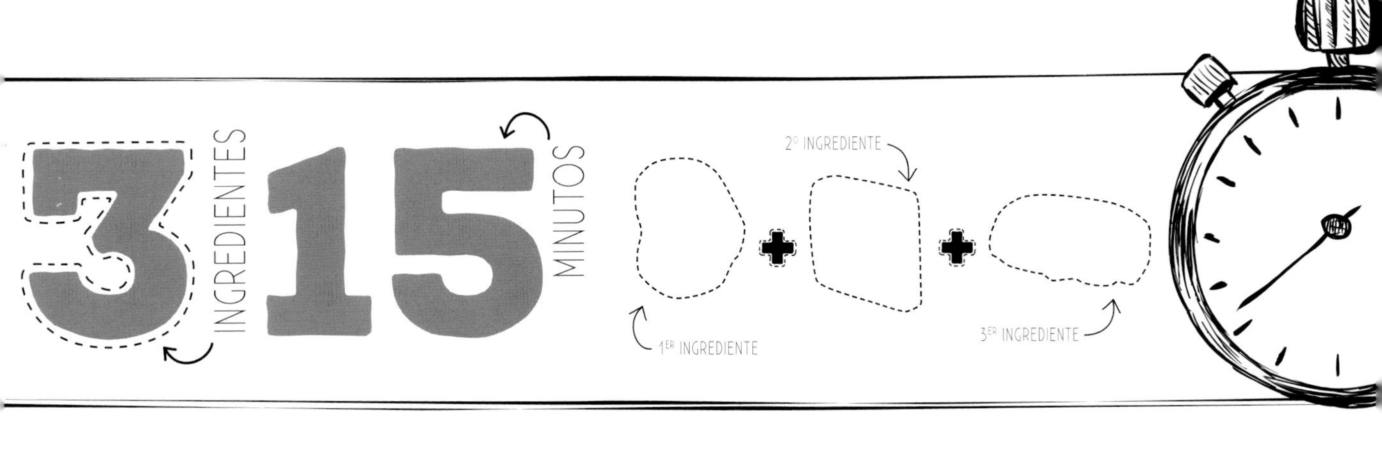

Sumario

PIMIENTO MORRÓN

JAMÓN SERRANO

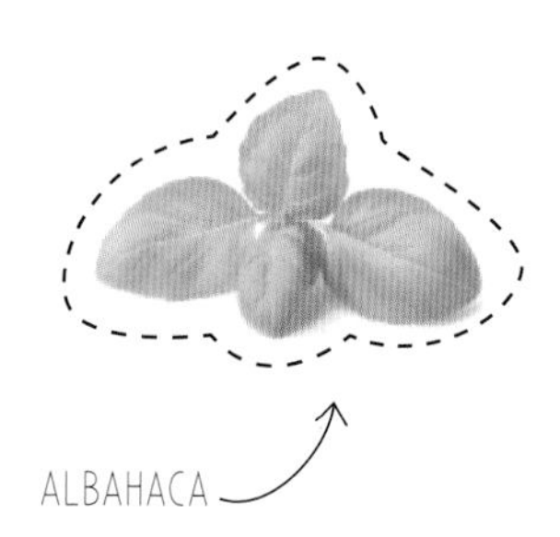

ALBAHACA

PLATOS FUERTES

Continuación
DE SUMARIO

POSTRES

CURRY EN POLVO

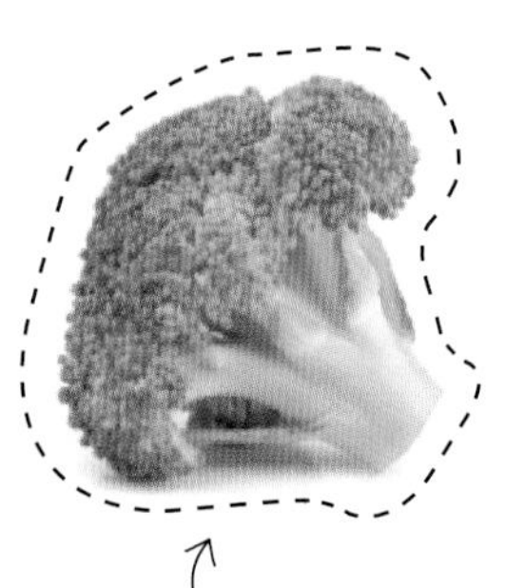

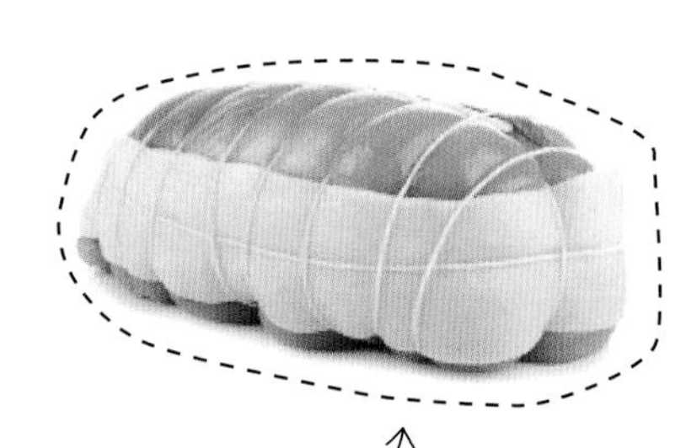

BRÓCOLI

LOMO DE TERNERA

AZÚCAR MASCABADO

PIÑA

CHOCOLATE

QUESO MASCARPONE

INTRODUCCIÓN

¡3 ingredientes y 15 minutos para alimentar a su familia!

Recibir en la mesa a la familia para la comida o la cena es todo un placer, y más si hay invitados en casa: es un momento para compartir y convivir. Sin embargo, dar de comer a varias personas puede hacernos entrar en pánico.

Las ocasiones para encontrarse en la mesa con un gran número de comensales nunca faltan: vacaciones, reuniones familiares y muchas amistades. Si no tiene ganas ni tiempo de pasar varias horas de encierro en la cocina, este libro se convertirá en su mejor aliado. Deje de planear menús complicados y de hacer listas de ingredientes interminables. En esta obra le ofrecemos 55 recetas que le ayudarán a mantener la calma mientras alimenta a su familia.

Las recetas incluyen siempre 3 ingredientes principales más algunos básicos que normalmente tendrá en su alacena. Esta práctica forma de cocinar le ofrece dos ventajas: por un lado, que usted cuide su economía, y por otro, que sea más sencillo aumentar o disminuir las cantidades dependiendo del número de comensales y el hambre que tengan. Otra gran ventaja es que usted invertirá 15 minutos o menos en preparar cada receta. Así, podrá aprovechar el tiempo de cocción, el cual nunca supera 1 hora, para adornar la mesa, compartir más tiempo con sus familiares o hacer cualquier otra actividad.

Sorpréndase con una gran variedad de recetas con procedimientos sencillos para servir en muchas ocasiones, por ejemplo, una cena de tres tiempos casual o formal. En este libro encontrará entradas, platos fuertes a base de carnes, aves, pescados y mariscos, y por supuesto, postres. Además, descubrirá algunos trucos que acortarán los tiempos de cocción de algunas preparaciones clásicas que normalmente tardan muchas horas.

Si todo lo anterior fuera poco, la manera amigable en la cual están presentadas las recetas le permitirán agregar algún ingrediente de su preferencia para darle su toque personal a cada platillo, reinventando y modificando las recetas de acuerdo con sus gustos y posibilidades. Después de un tiempo verá que la única preocupación en su mente será: ¿tenemos suficientes platos y cubiertos en la alacena familiar para servir?

Ingredientes
SALADOS

A continuación le presentamos los ingredientes y productos básicos en su alacena que le permitirán preparar platillos sencillos pero con un sabor incomparable.

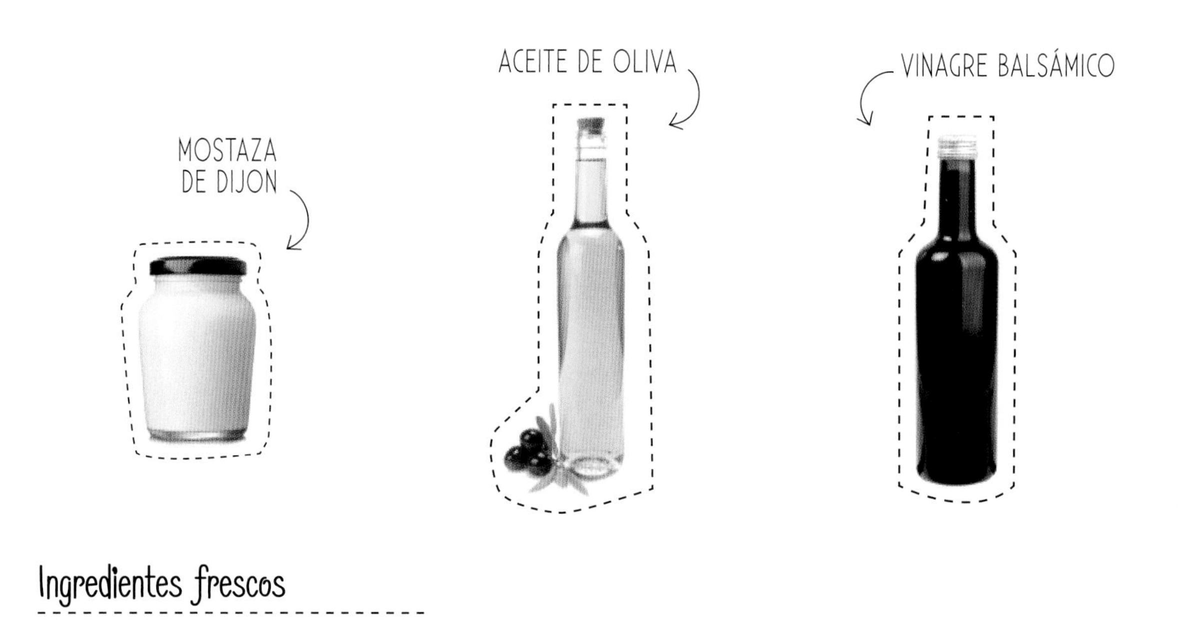

Ingredientes frescos

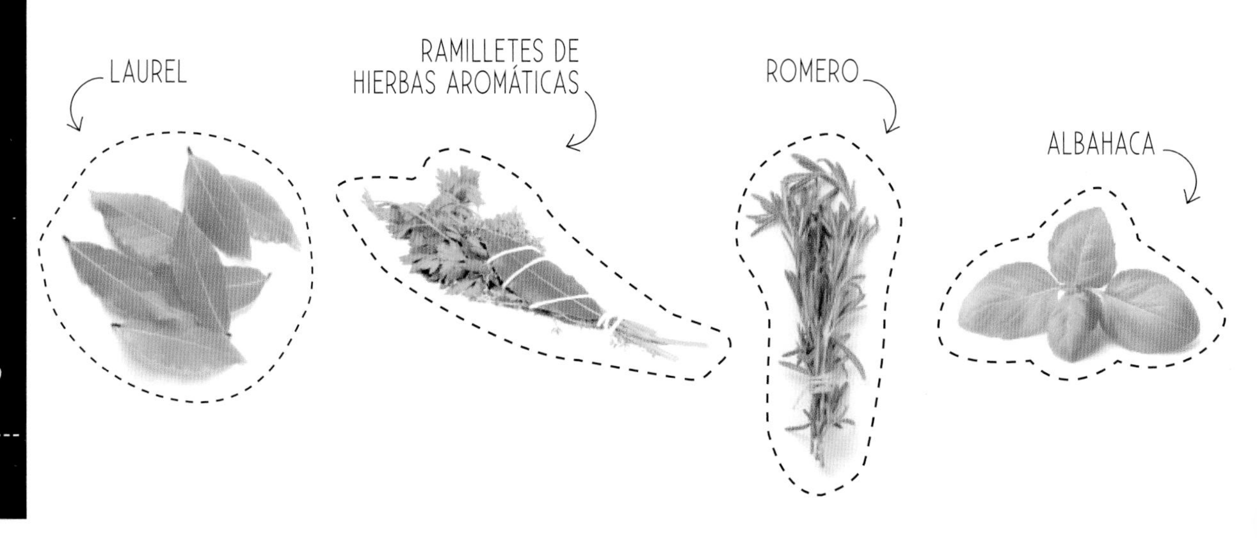

AJO

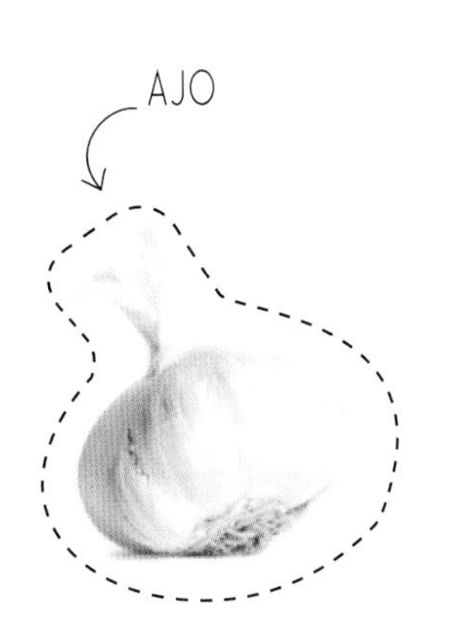

NUEZ MOSCADA

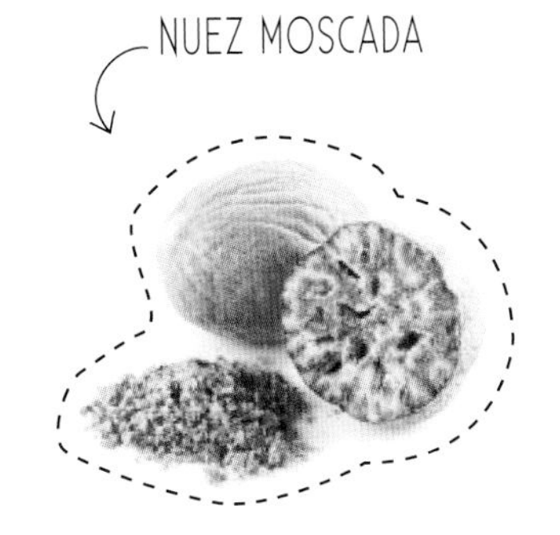

ALCAPARRAS

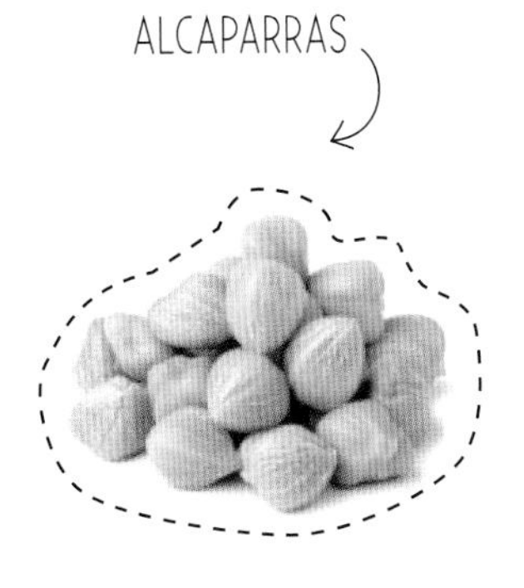

PIMIENTA ROSA

SALSA DE SOYA

VINO BLANCO

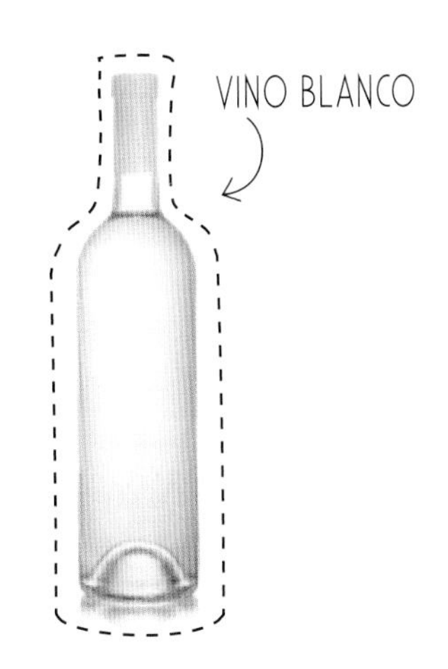

Ingredientes frescos

CREMA

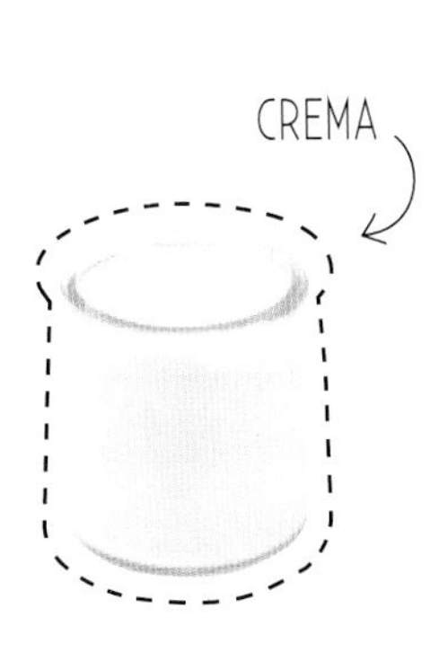

LECHE

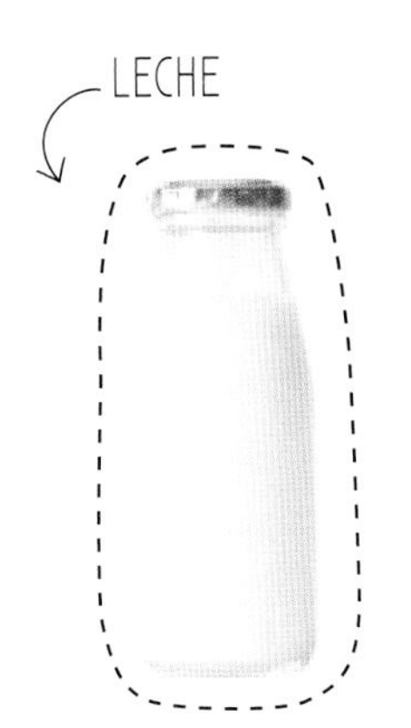

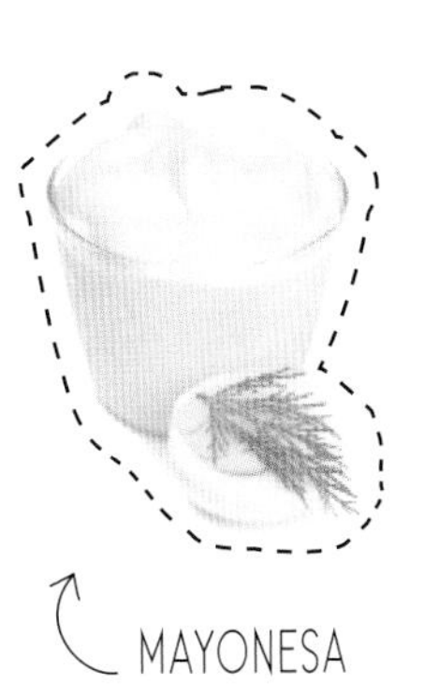

MAYONESA

Ingredientes **DULCES**

Los siguientes son productos básicos para elaborar postres. Con ellos podrá consentir y sorprender a su familia a la hora del siempre esperado postre.

HARINA DE TRIGO

AZÚCAR

AZÚCAR MASCABADO

AZÚCAR GLASS

POLVO PARA HORNEAR

EXTRACTO DE VAINILLA

Ingredientes frescos

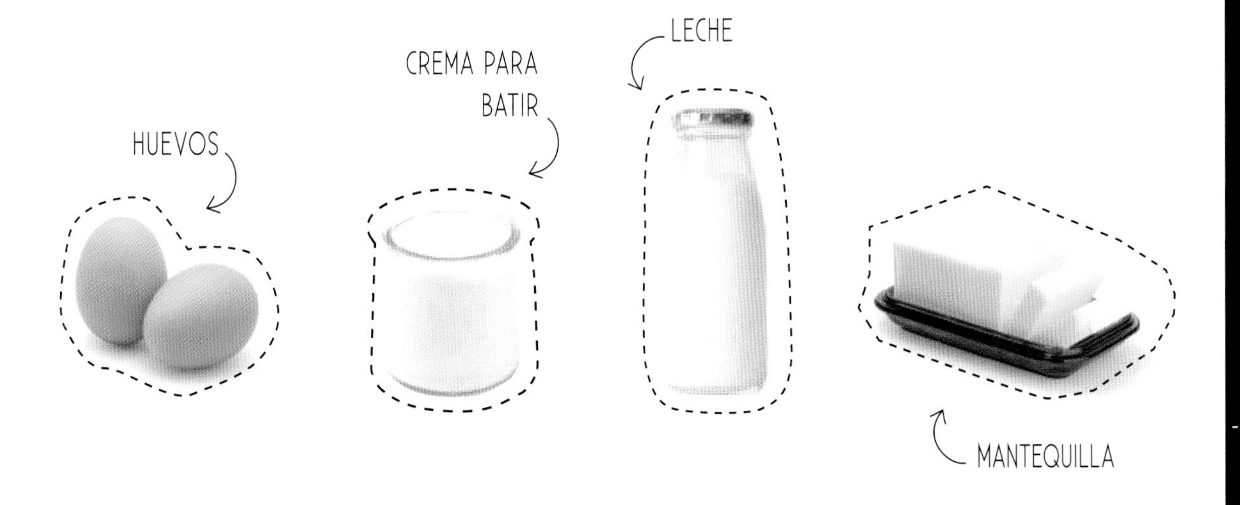

Dip de poro
Y QUESO DE CABRA

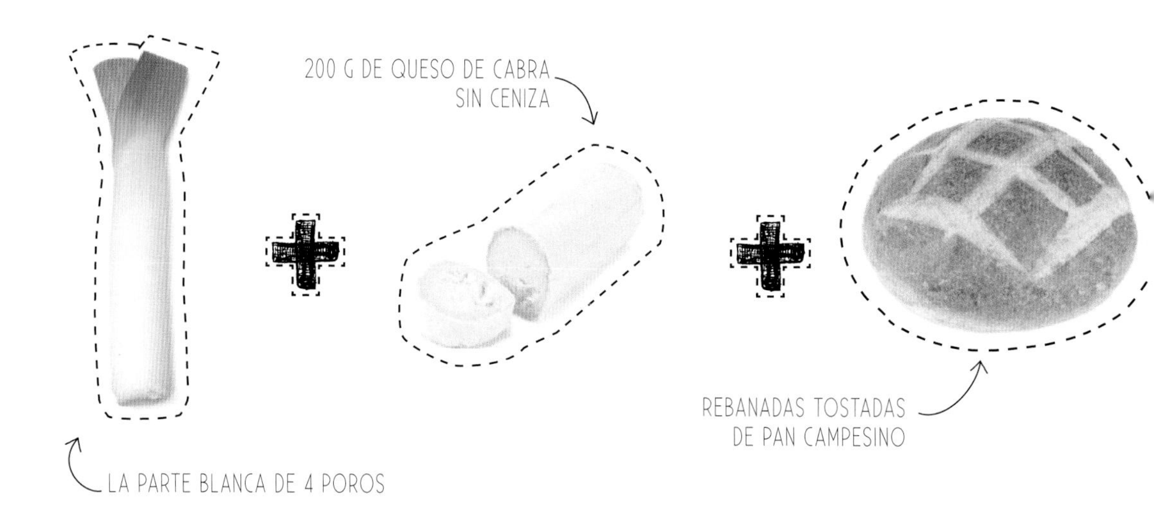

ADEMÁS...

+ 2 CUCHARADAS DE ACEITE DE OLIVA
+ SAL Y PIMIENTA AL GUSTO

PROCEDIMIENTO

1 Corte los poros en rodajas de ½ centímetro de grosor.

2 Saltée las rodajas de poro en un sartén con el aceite durante 5 minutos o hasta que estén suaves pero no doradas. Vierta 1 taza de agua, baje el fuego a media intensidad y deje cocer las rodajas de poro durante 15 minutos más o hasta que el agua se haya evaporado por completo. Retire la preparación del fuego y déjela entibiar.

3 Desmorone el queso de cabra e incorpórelo a la preparación de poro con un tenedor; salpimiente al gusto.

4 Sirva el dip de poro acompañado con las rebanadas de pan tostado.

Tiempo de preparación: 00:15 | Modo y tiempo de cocción: SIN COCCIÓN 00:20

Pimientos rellenos DE QUESO FETA Y PIÑONES

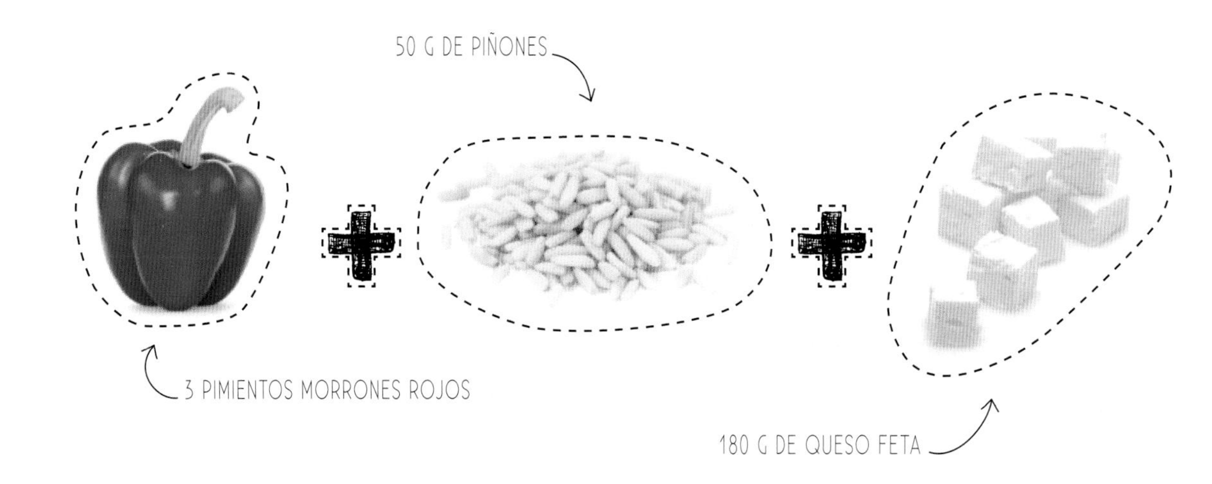

ADEMÁS...

- + 1 DIENTE DE AJO
- + 2 CUCHARADAS DE ACEITE DE OLIVA + CANTIDAD SUFICIENTE

PROCEDIMIENTO

1 Precaliente el horno a 200 °C.

2 Corte cada pimiento morrón a lo largo en 6 partes, retíreles las semillas y las venas; reserve los trozos de pimiento.

3 Ralle el diente de ajo o píquelo finamente y mézclelo en un tazón con las 2 cucharadas de aceite de oliva y los piñones. Desmorone el queso feta, añádalo al tazón y mezcle muy bien.

4 Rellene los trozos de pimiento con la mezcla de queso feta y piñones, colóquelos en una charola para hornear cubierta con papel aluminio. Rocíe la superficie de los pimientos rellenos con un poco de aceite de oliva y hornéelos entre 15 y 20 minutos.

Tiempo de preparación:  00:15

Modo y tiempo de cocción:   SIN COCCIÓN 00:15

Tiempo de preparación:
00:15
Modo y tiempo de cocción:
SIN COCCIÓN
00:00

Ensalada
DE RÁBANO NEGRO

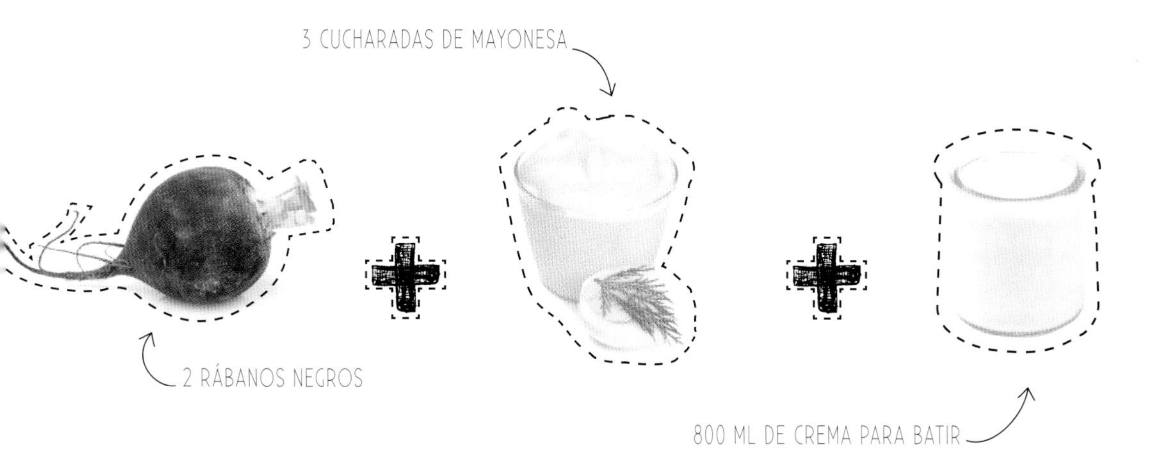

ADEMÁS...

+ 1 CUCHARADA DE MOSTAZA DE DIJON
+ 2 CUCHARADAS DE ALCAPARRAS

PROCEDIMIENTO

1 Pele los rábanos y rállelos finamente.

2 Mezcle la mayonesa con la crema para batir y la mostaza.

3 Ponga el rábano rallado en una ensaladera y mézclelo con el aderezo de mayonesa. Añada las alcaparras al momento de servir la ensalada.

CONSEJO

Acompañe la ensalada con salmón o trucha ahumada. Si lo desea, sustituya el rábano negro por nabo, apionabo o chirivía.

8

00:15

Modo y tiempo de cocción:

00:00

SIN COCCIÓN

Ensalada de hinojo, MANZANA Y CAMARONES

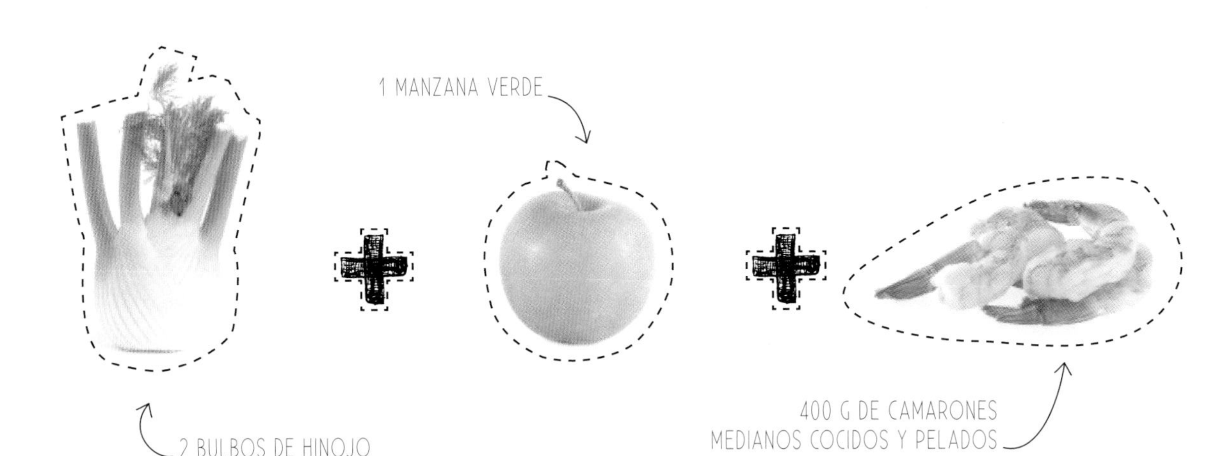

ADEMÁS...

- + 4 CUCHARADAS DE CREMA ÁCIDA
- + EL JUGO DE 1 LIMÓN
- + SAL Y PIMIENTA AL GUSTO

PROCEDIMIENTO

1. Mezcle en un recipiente la crema con el jugo de limón y sal y pimienta al gusto. Resérvela.

2. Corte los bulbos de hinojo por la mitad a lo largo, deseche los corazones y córtelos en tiras delgadas. Descorazone las manzanas y córtelas en tiras delgadas.

3. Mezcle en una ensaladera las tiras de hinojo y de manzana con los camarones y el aderezo o de crema y sirva.

Crema
DE AGUACATE E HINOJO

ADEMÁS...

+ SAL AL GUSTO
+ REBANADAS DE BAGUETTE TOSTADAS O CRUTONES

PROCEDIMIENTO

1 Corte el hinojo por la mitad, deseche el corazón y córtelo en trozos; resérvelos.

2 Parta el aguacate por la mitad, extraiga la pulpa y córtela en trozos.

3 Muela con una licuadora de inmersión el hinojo con el aguacate y el jugo de limón. Deberá obtener una preparación tersa y homogénea. Añádale sal al gusto.

4 Sirva la crema como aperitivo acompañada con las rebanadas de baguette tostadas o con los crutones.

8

00:15

Modo y tiempo de cocción:

00:00

SIN COCCIÓN

Elotes asados
CON MANTEQUILLA DE PARMESANO

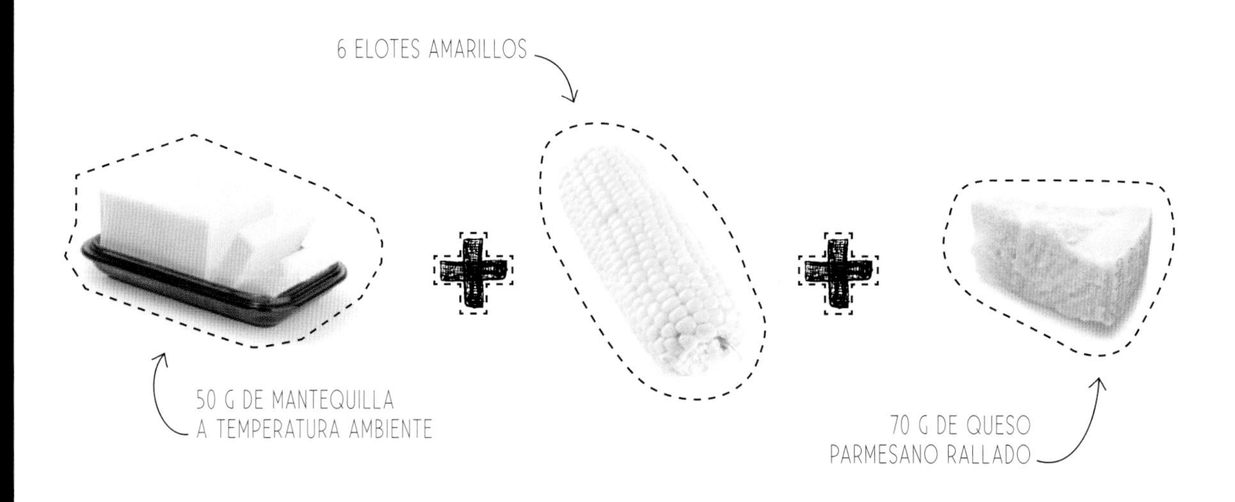

ADEMÁS...

+ 1 DIENTE DE AJO RALLADO O PICADO FINAMENTE

PROCEDIMIENTO

1 Precaliente el asador o grill del horno.

2 Coloque los elotes en una cacerola grande y cúbralos con suficiente agua. Ponga la cacerola sobre el fuego y cueza los elotes durante 15 minutos. Escúrralos y resérvelos.

3 Mezcle en un recipiente la mantequilla con el queso parmesano rallado y el ajo.

4 Unte los elotes con la mantequilla de parmesano y colóquelos en una charola para hornear cubierta con aluminio. Hornéelos entre 5 y 10 minutos hasta que estén bien cocidos y ligeramente dorados.

Tiempo de preparación:
00:15
Modo y tiempo de cocción:
SIN COCCIÓN
00:05

Tarta
DE CALABACITAS Y QUESO FETA

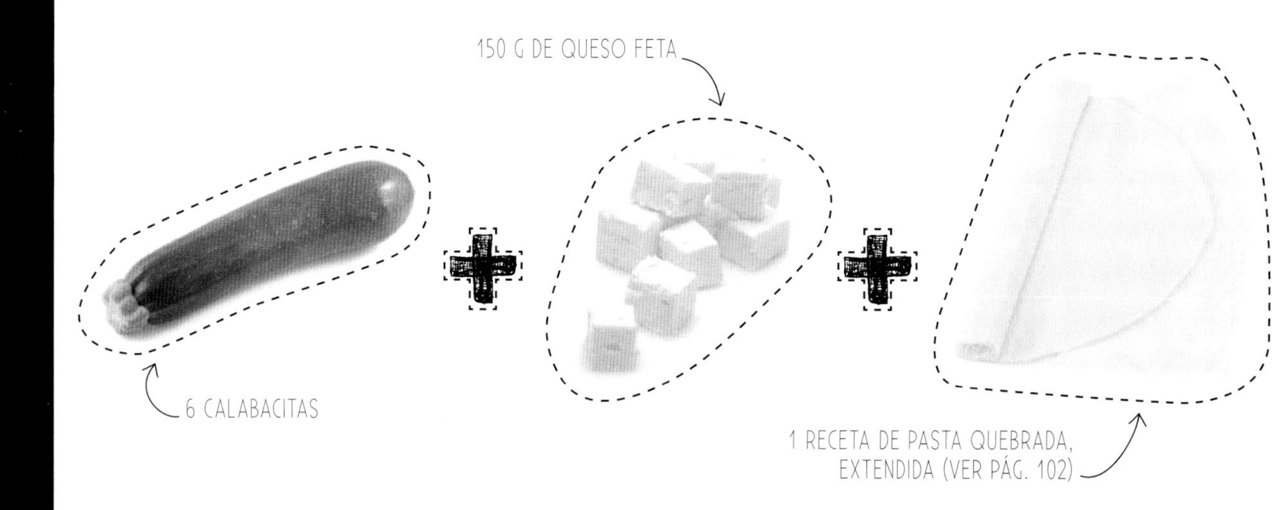

ADEMÁS...

+ 2 CUCHARADAS DE MOSTAZA A LA ANTIGUA
+ NUEZ MOSCADA MOLIDA, AL GUSTO
+ SAL Y PIMIENTA AL GUSTO

PROCEDIMIENTO

1 Precaliente el horno a 180 °C.

2 Ralle las calabacitas. Desmorone el queso feta, mézclelo con las calabacitas ralladas; sazone la preparación con nuez moscada, sal y pimienta al gusto y resérvela.

3 Forre la base y las paredes de un molde antiadherente para tarta de 23 centímetros de diámetro. Distribuya la mostaza en toda la base de la masa y rellénela con la mezcla de calabacitas y queso. Hornee la tarta durante 30 minutos o hasta que la masa esté bien cocida y dorada. Desmolde y sirva.

CONSEJO

Espolvoree sobre la tarta nueces troceadas antes de introducirla al horno.

Tiempo de preparación:
00:15
Modo y tiempo de cocción:
SIN COCCIÓN
00:30

Tiempo de preparación: 00:15

Modo y tiempo de cocción: SIN COCCIÓN 00:00

Tabule tibio
CON CALABACITA Y LIMÓN

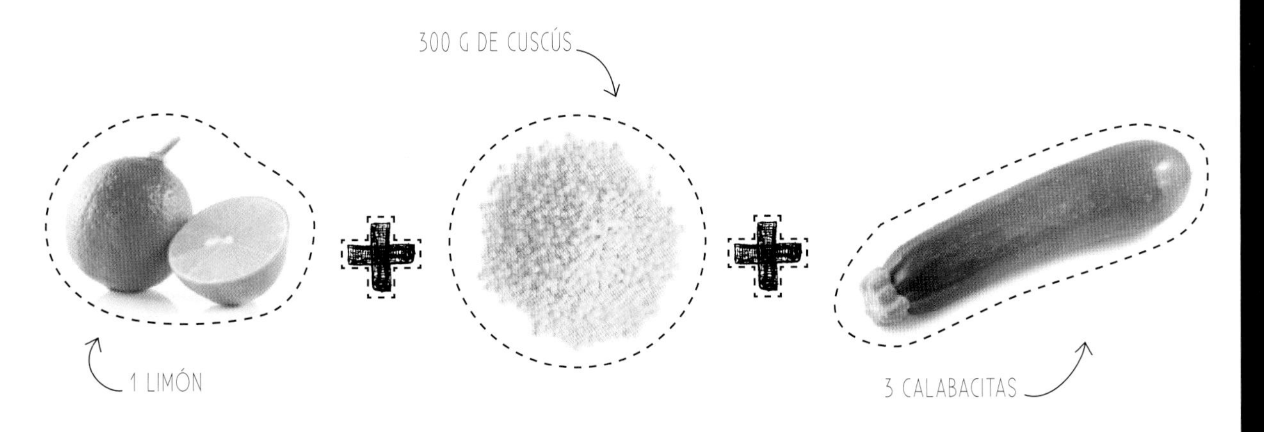

ADEMÁS...

- + 3 CUCHARADAS DE ACEITE DE OLIVA
- + PEREJIL PICADO, AL GUSTO
- + SAL AL GUSTO

PROCEDIMIENTO

1 Obtenga la ralladura y el jugo del limón y resérvelos.

2 Mezcle en un tazón el cuscús con el jugo de limón, el aceite de oliva y sal al gusto. Cubra los ingredientes con agua hirviendo, de forma que ésta sobrepase 1 centímetro la superficie del cuscús. Déjelo reposar durante 5 minutos, y una vez que haya absorbido toda el agua, separe delicadamente los granos con un tenedor.

3 Corte las calabacitas en cubos pequeños y mézclelos con el perejil picado. Agréguelos al cuscús junto con la ralladura de limón. Rectifique la cantidad de sal y sirva el tabule.

8

00:15

Modo y tiempo de cocción:

00:15

Pizza
DE JITOMATE CON CALABACITA

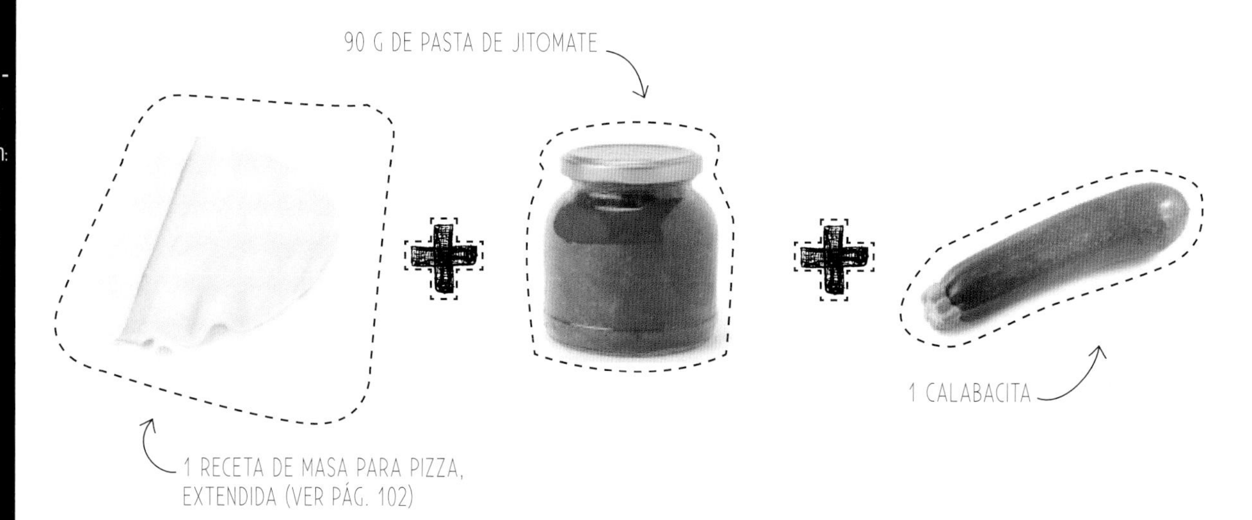

ADEMÁS...

- + HOJAS DE ALBAHACA PICADAS, AL GUSTO
- + SAL AL GUSTO

PROCEDIMIENTO

1 Precaliente el horno a 250 °C.

2 Coloque la masa para pizza en una charola antiadherente para hornear; extiéndala con los dedos de manera que la masa se amolde a la forma de la charola.

3 Distribuya la pasta de jitomate sobre la masa y extiéndala con una espátula para cubra toda su superficie.

4 Corte la calabacita en rodajas delgas y distribúyalas encima de la pasta de jitomate. Espolvoréelas con sal al gusto.

5 Hornee la tarta durante 10 minutos. Sáquela del horno, espolvoréele encima la albahaca picada y continúe la cocción entre 5 y 10 minutos más o hasta que la masa esté dorada y bien cocida.

Ensalada de pimiento,
ANCHOAS Y RICOTTA

80 G DE ANCHOAS CONSERVADAS EN ACEITE, DRENADAS

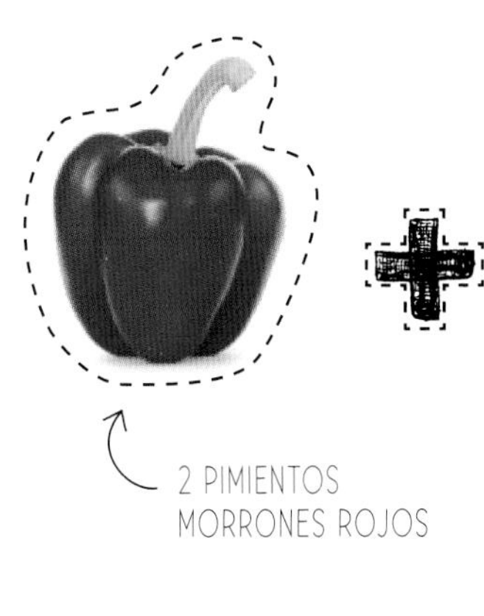

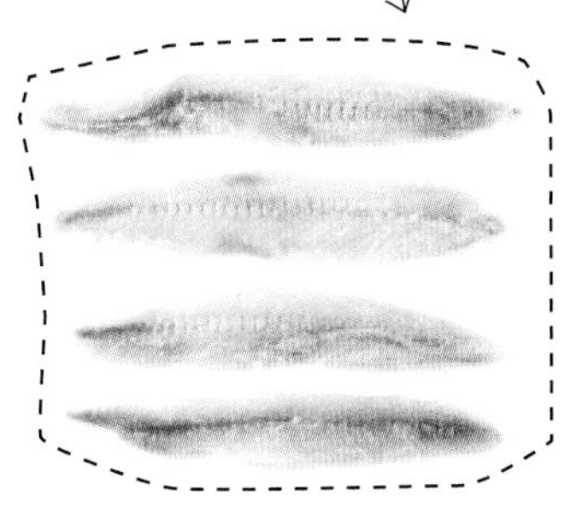

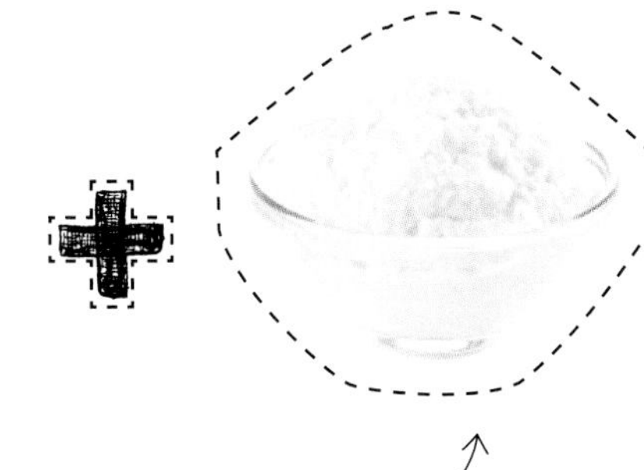

2 PIMIENTOS MORRONES ROJOS

250 G DE QUESO RICOTTA

ADEMÁS...

- + 3 CUCHARADAS DE ACEITE DE OLIVA
- + SAL Y PIMIENTA AL GUSTO

PROCEDIMIENTO

1 Ase los pimientos morrones en un comal hasta que su piel se ennegrezca y déjelos reposar en una bolsa de plástico durante 5 minutos. Retíreles la piel, las venas y las semillas; finalmente, córtelos en tiras delgadas.

2 Mezcle en un recipiente el queso ricotta con el aceite de oliva y añada sal y pimienta al gusto.

3 Añada a la mezcla de queso las tiras de pimiento y las anchoas. Mezcle y sirva.

CONSEJO

Puede realizar esta receta con 400 gramos de pimiento morrón en conserva, drenado. En este caso, omita el primer paso de la receta.

8

00:15

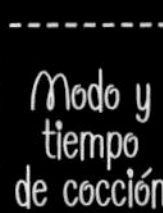

Modo y tiempo de cocción

00:00

SIN COCCIÓN

Tiempo de preparación:  00:15

Modo y tiempo de cocción:   SIN COCCIÓN 00:15

Trenza
DE HOJALDRE DE QUESO

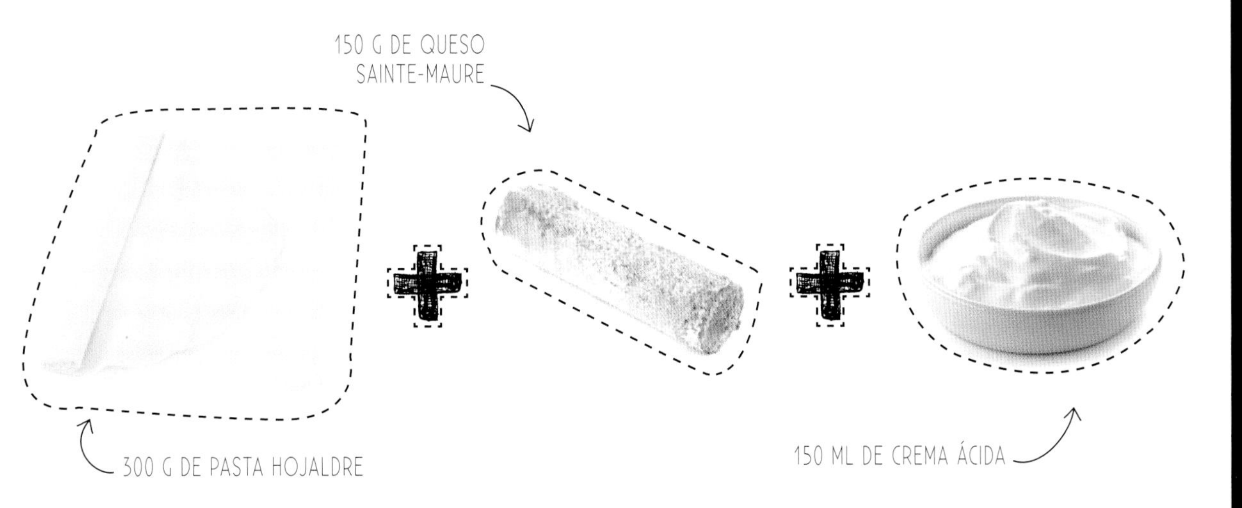

ADEMÁS...

- + 3 CUCHARADAS DE PEREJIL PICADO
- + CANTIDAD SUFICIENTE DE LECHE
- + SAL Y PIMIENTA AL GUSTO

PROCEDIMIENTO

1 Precaliente el horno a 200 °C.

2 Desmorone en un tazón el queso con ayuda de un tenedor. Añádale la crema, el perejil picado, sal y pimienta al gusto; mezcle bien.

3 Enharine ligeramente una mesa de trabajo y extienda encima la pasta hojaldre hasta obtener un rectángulo de ½ centímetro de grosor; acomódelo horizontalmente. Visualice imaginariamente tres rectángulos a lo largo de la pasta y distribuya en el del centro la mezcla de queso. Realice varios cortes horizontales y paralelos en los rectángulos de los costados para obtener tiras de 1 centímetro de grosor aproximadamente. Comenzando por arriba, doble una de las tiras encima del relleno y repita este paso con una tira del lado contrario. Haga lo mismo con el resto de las tiras hasta cubrir todo el relleno.

4 Barnice la trenza con un poco de leche y colóquela sobre una charola para hornear cubierta con papel siliconado. Hornéela entre 15 y 20 minutos o hasta que la pasta esté bien cocida y dorada de la superficie.

CONSEJO

Puede sustituir el queso Sainte-Maure por la misma cantidad de queso de cabra ligeramente madurado.

8

00:15

Modo y tiempo de cocción:

00:05

Ensalada tibia de calabacita, QUESO DE CABRA Y PIÑONES

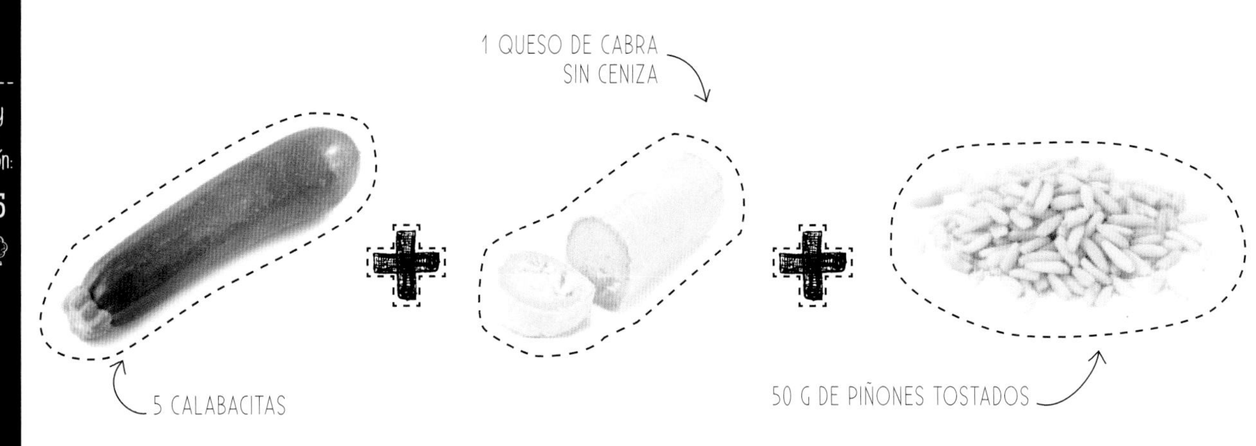

ADEMÁS...

+ HOJAS DE ALBAHACA PICADAS, AL GUSTO
+ VINAGRETA DE LIMÓN, AL GUSTO

PROCEDIMIENTO

1 Corte las calabacitas en tiras delgadas con ayuda de un pelapapas. Colóquelas en un tazón y cúbralas con agua hirviendo. Déjelas sumergidas en el agua durante 5 minutos y escúrralas.

2 Coloque las calabacitas en una ensaladera, desmorone encima el queso de cabra y espolvoree los piñones tostados y la albahaca picada. Sirva la ensalada acompañada con vinagreta de limón al gusto.

CONSEJO

Para preparar la vinagreta de limón, ponga en un frasco 2 cucharadas de jugo de limón, ½ cucharadita de azúcar, 1 cucharadita de orégano seco molido, ¼ de taza de aceite de oliva, sal y pimienta al gusto; cierre el frasco y agítelo hasta obtener una emulsión.

Añada un toque de color a su ensalada sustituyendo 1 o 2 calabacitas por la misma cantidad de zanahorias.

Rollos de jamón serrano, **QUESO Y ESPINACA**

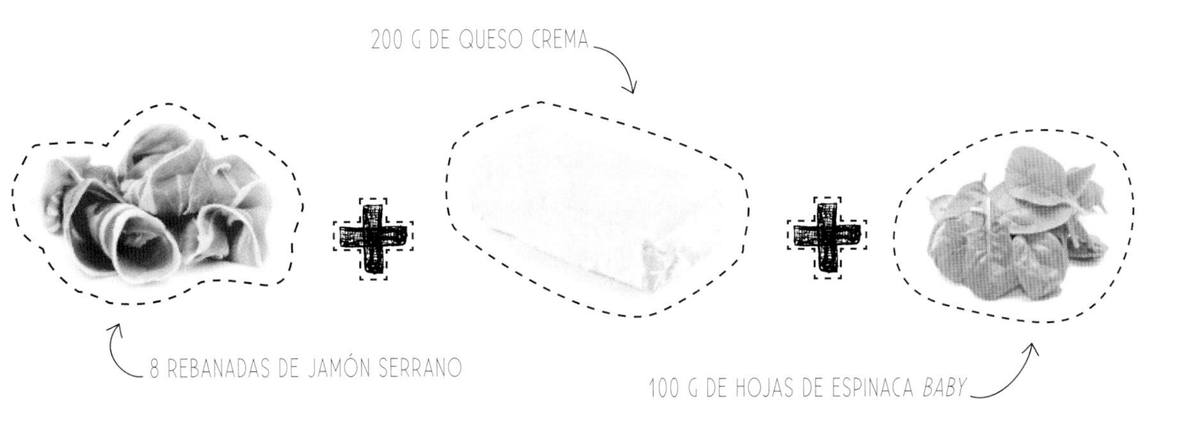

8

00:15

Modo y tiempo de cocción

00:00

SIN COCCIÓN

ADEMÁS...

+ 1 DIENTE DE AJO PICADO FINAMENTE
+ 1 CUCHARADA DE CEBOLLÍN PICADO FINAMENTE
+ PIMIENTA MOLIDA, AL GUSTO

PROCEDIMIENTO

1 Mezcle el queso crema con el ajo y el cebollín.

2 Forme, sobre un trozo de aluminio, un rectángulo con 4 rebanadas del jamón serrano, acomodándolas una a un lado de otra ligeramente encimadas. Unte el rectángulo de rebanadas de jamón con la mitad del queso crema, espolvoree pimienta al gusto y cubra el queso con la mitad de las espinacas.

3 Enrolle a lo largo el rectángulo de jamón sobre sí mismo con ayuda del papel aluminio; deberá obtener un rollo firme. Repita este paso y el anterior con el resto de los ingredientes para obtener un rollo más.

4 Corte los rollos de jamón en 4 porciones y sírvalos como aperitivo o como guarnición de una ensalada verde.

Ensalada de brócoli
Y WASABI

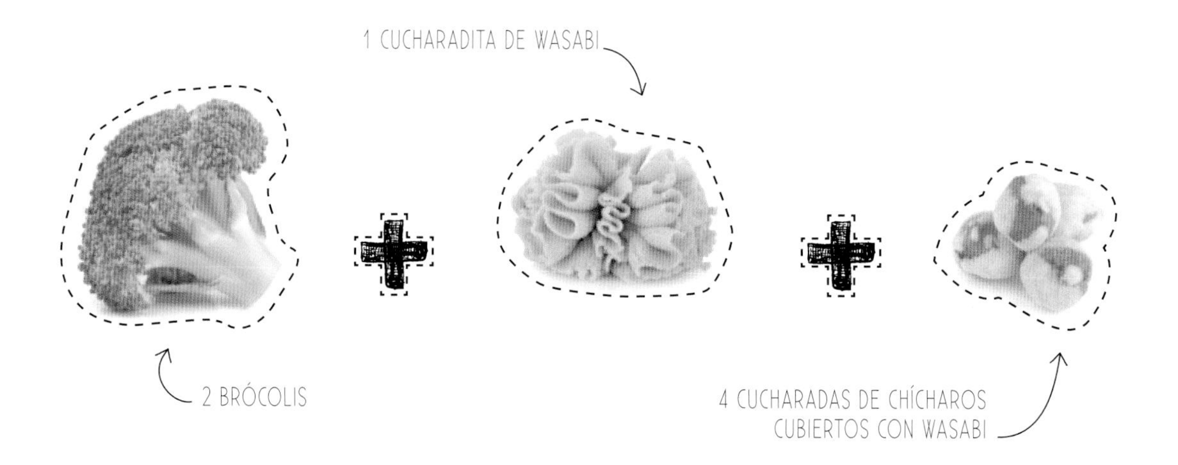

ADEMÁS...

+ $^1/_4$ DE TAZA DE MAYONESA O AL GUSTO
+ SAL AL GUSTO

PROCEDIMIENTO

1 Corte los brócolis en floretes pequeños.

2 Ponga sobre el fuego una cacerola con suficiente agua; cuando hierva, añada los floretes de brócoli y cuézalos durante 5 minutos. Escúrralos y colóquelos en un tazón con agua fría y hielos para detener la cocción; escúrralos nuevamente y resérvelos.

3 Mezcle la mayonesa con 1 cucharada de agua y el wasabi; añada más mayonesa si desea un aderezo con un sabor a wasabi menos intenso.

4 Mezcle en un tazón los floretes de brócoli con el aderezo de mayonesa y wasabi y añada sal al gusto.

5 Trocee los chícharos y añádalos a la ensalada al momento de servirla.

Tiempo de preparación:
00:15
Modo y tiempo de cocción:
SIN COCCIÓN
00:05

8

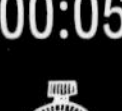

00:05

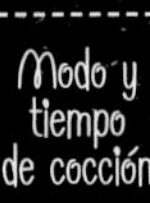

Modo y tiempo de cocción

00:05

Paté
DE SALMÓN

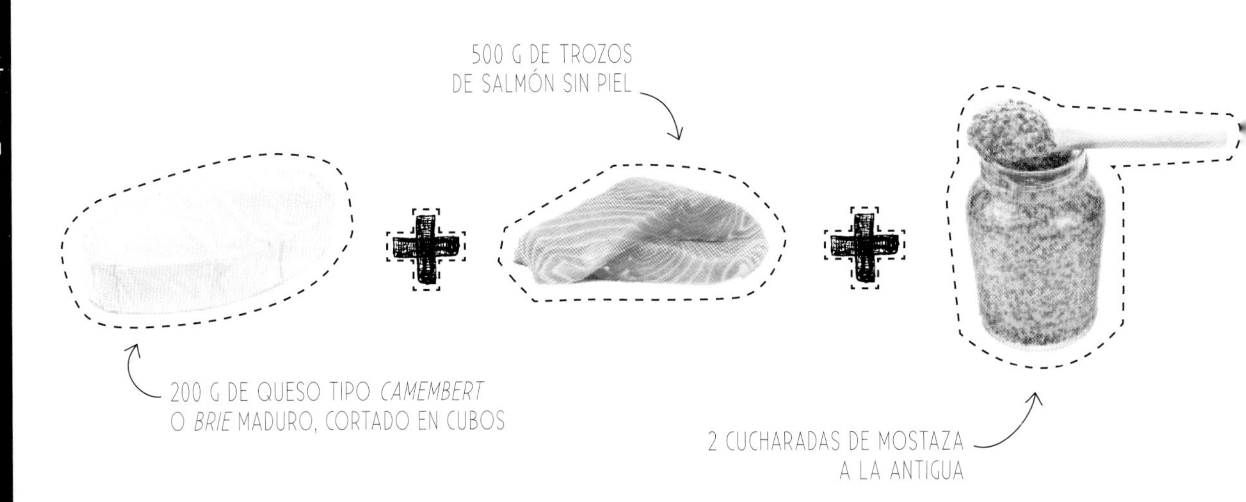

ADEMÁS...

- + SAL Y PIMIENTA AL GUSTO
- + JUGO DE LIMÓN AL GUSTO
- + CEBOLLÍN PICADO, AL GUSTO

PROCEDIMIENTO

1 Cueza al vapor los trozos de salmón entre 5 y 10 minutos, dependiendo del grosor; el centro deberá quedar crudo.

2 Coloque los trozos de salmón en un tazón y desmenúcelos con un tenedor. Déjelos enfriar.

3 Acreme ligeramente el queso y mézclelo con el salmón; añada la mostaza y mezcle de nuevo hasta obtener una preparación homogénea con consistencia de paté. Salpimiente al gusto.

4 Incorpore al paté jugo de limón y cebollín picado al gusto al momento de servirlo.

Espagueti
CON PESTO DE ESPINACA

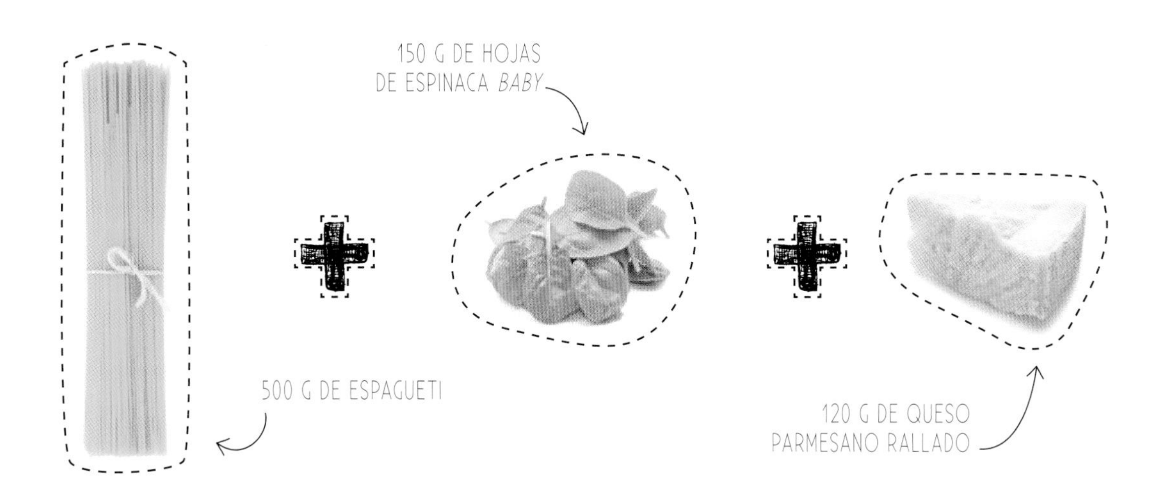

ADEMÁS...

+ 1 DIENTE DE AJO TROCEADO
+ 1/4 - 1/2 TAZA DE ACEITE DE OLIVA
+ SAL AL GUSTO

PROCEDIMIENTO

1 Muela en un procesador de alimentos las hojas de espinaca con el diente de ajo y el queso parmesano. Con el procesador encendido, vierta lentamente la cantidad necesaria de aceite de oliva para obtener una pasta cremosa pero no muy líquida.

2 Ponga sobre el fuego una olla con suficiente agua con un poco de sal; cuando hierva, agregue el espagueti y cuézalo entre 8 y 10 minutos para que quede al dente.

3 Escurra el espagueti, colóquelo en un tazón y mézclelo con la mitad del pesto de espinaca. Sírvalo acompañado con el resto del pesto en un recipiente por separado.

VARIANTE

Sustituya el espagueti por la misma cantidad de macarrones o coditos; mézclelos con el pesto y colóquelos en un refractario. Ralle 60 gramos de queso de parmesano sobre la pasta y hornéela a 200 °C durante 10 minutos.

Asado de ternera
CON HIERBAS

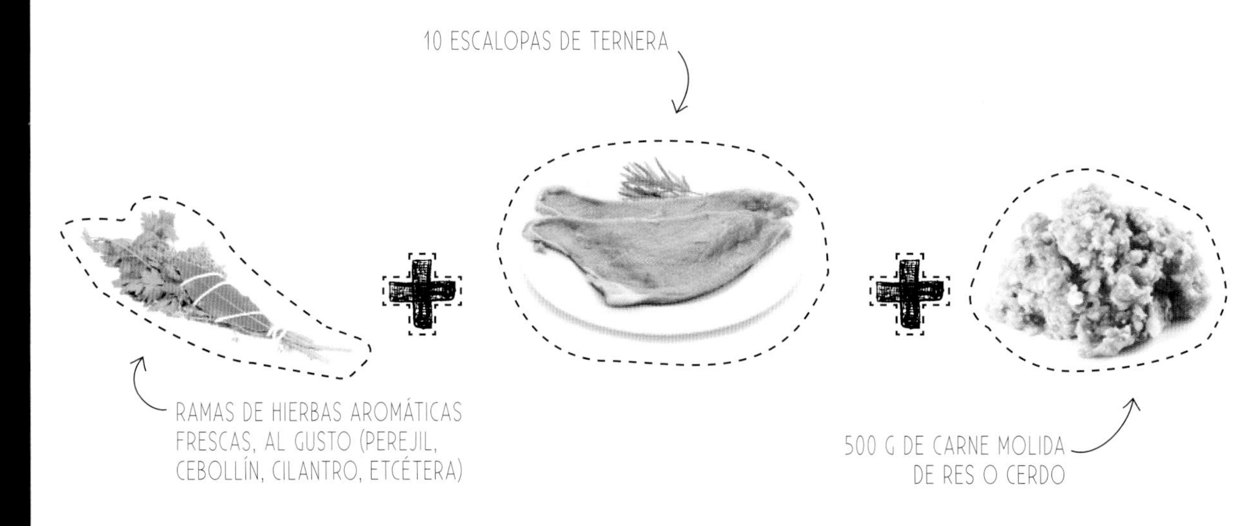

ADEMÁS...

+ 25 G DE MANTEQUILLA CORTADA EN CUBOS
+ SAL Y PIMIENTA AL GUSTO

PROCEDIMIENTO

1 Precaliente el horno a 200 °C. Pique toscamente las hojas y los tallos de las hierbas.

2 Acomode sobre un papel siliconado las escalopas de ternera, una al lado de la otra, encimándolas ligeramente para obtener un rectángulo grande. Salpimiéntelo.

3 Distribuya sobre el rectángulo de ternera la carne molida y las hierbas picadas. Enrolle el rectángulo sobre sí mismo, comenzando por uno de los lados largos, para obtener un rollo firme. Átelo con hilo cáñamo para evitar que pierda la forma durante la cocción.

4 Vierta 1 taza de agua en un refractario y coloque en él el rollo de carne. Distribuya los cubos de mantequilla sobre el rollo y salpimiéntelo nuevamente. Hornéelo durante 50 minutos, bañándolo a la mitad de la cocción con el jugo que se haya depositado en el fondo del refractario.

5 Deje reposar el asado durante 10 minutos antes de rebanarlo. Sírvalo bañado con un poco más de los jugos de cocción.

Tiempo de preparación:  00:15

Modo y tiempo de cocción:   SIN COCCIÓN 00:50

Risotto
AL AZAFRÁN CON CHORIZO

100 G DE RODAJAS DE CHORIZO ESPAÑOL

500 G DE ARROZ ARBORIO

1 PIZCA DE AZAFRÁN

ADEMÁS...

- + 3 CUCHARADAS DE ACEITE DE OLIVA
- + 2 CUCHARADAS DE CREMA ÁCIDA
- + SAL Y PIMIENTA AL GUSTO

PROCEDIMIENTO

1 Hierva 1 litro de agua y resérvela caliente.

2 Ponga sobre el fuego una cacerola de fondo grueso y añada el aceite de oliva; cuando se caliente, agregue el arroz y fríalo hasta que esté translúcido.

3 Vierta sobre el arroz la cantidad necesaria de agua hirviendo para cubrirlo; añada el azafrán y mezcle constantemente durante 5 minutos o hasta que el líquido se haya absorbido por completo. Cubra nuevamente el arroz con agua hirviendo, baje la intensidad del fuego, tape la cacerola y deje cocer el arroz hasta que el agua se absorba nuevamente.

4 Corte las rodajas de chorizo en tiras y añádalas al arroz junto con el resto del agua. Suba la intensidad del fuego y continúe la cocción mezclando ocasionalmente hasta que el arroz esté suave. Salpimiente al gusto, incorpore la crema y sirva.

Tiempo de preparación:  00:15

Modo y tiempo de cocción:   SIN COCCIÓN 00:25

8

00:15

Modo y tiempo de cocción

00:20

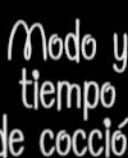

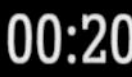

Salsa DE JAMÓN

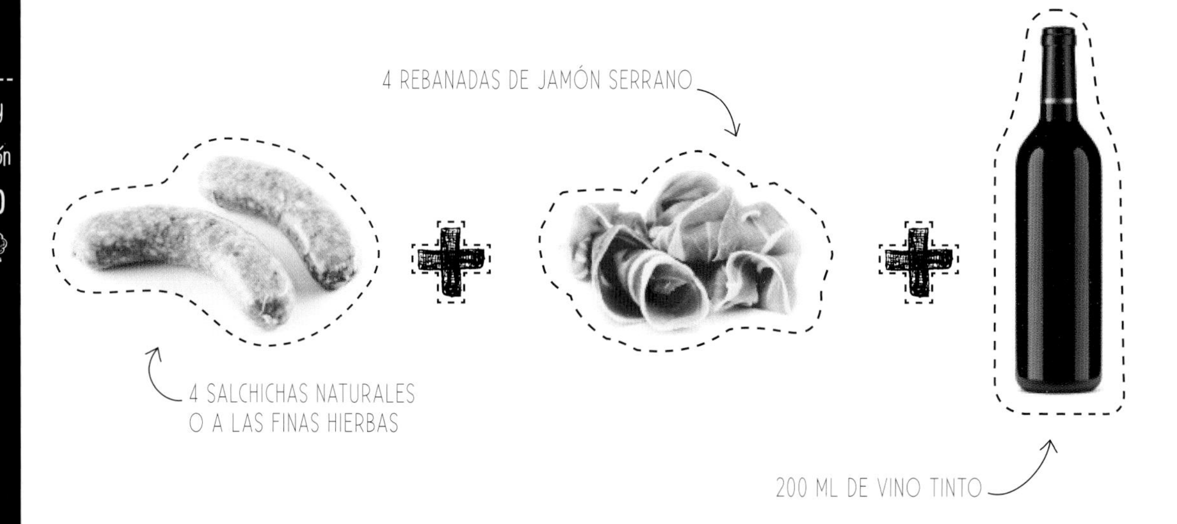

ADEMÁS...

+ 2 CUCHARADAS DE ACEITE DE OLIVA
+ 1 DIENTE DE AJO PICADO FINAMENTE
+ SAL Y PIMIENTA AL GUSTO

PROCEDIMIENTO

1 Corte las salchichas en trozos pequeños y trocee las rebanadas de jamón serrano.

2 Ponga sobre el fuego un sartén con el aceite de oliva; cuando éste se caliente, añada los trozos de salchicha y saltéelos hasta que se doren. Agregue los trozos de jamón, el ajo picado y el vino tinto. Baje el fuego a media intensidad y deje que la preparación se reduzca durante 15 minutos mezclándola ocasionalmente.

CONSEJO

Sirva esta salsa sobre una cama de pasta larga.

Costillas de res
AL ROMERO

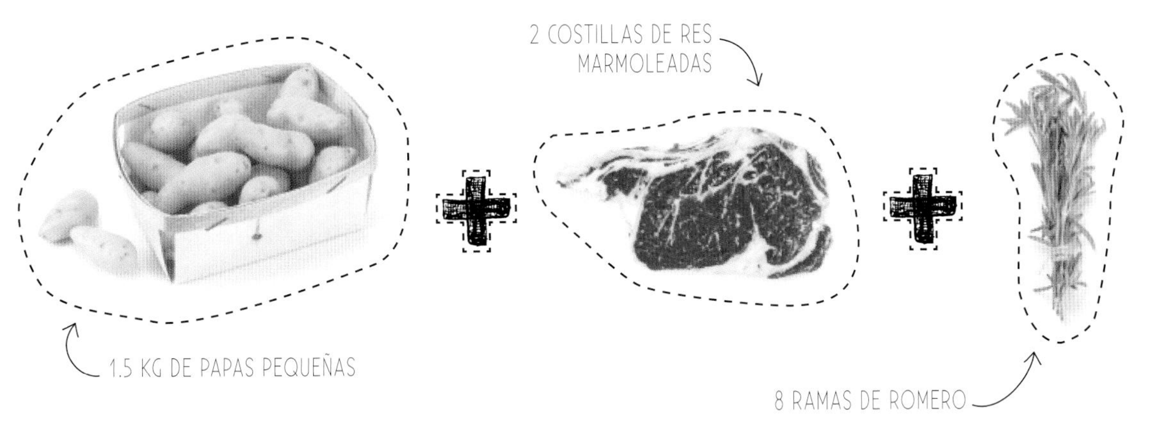

8

00:15

Modo y tiempo de cocción

00:40

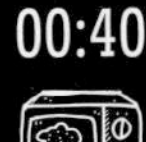

ADEMÁS...

+ 25 G DE MANTEQUILLA
+ SAL Y PIMIENTA AL GUSTO

PROCEDIMIENTO

1 Saque la carne del refrigerador mínimo 30 minutos antes de cocinarla.

2 Precaliente el horno a 200 °C. Coloque las papas en una charola para hornear con paredes altas. Espolvoréelas con sal al gusto y hornéelas en la rejilla superior del horno durante 40 minutos o hasta que estén bien cocidas. Resérvelas calientes.

3 Ponga sobre el fuego un sartén con la mantequilla; cuando se derrita, dore en ella las costillas por ambos lados. Retírelas del sartén y resérvelas. Baje el fuego a media intensidad y añada al mismo sartén las ramas de romero; saltéelas durante un par de minutos.

4 Ponga en un refractario las costillas y encima las ramas de romero; báñelas con el líquido de cocción que haya quedado en el sartén y salpimiente al gusto. Hornee las costillas durante 15 minutos, o si las desea bien cocidas, durante 20 minutos.

5 Saque las costillas del horno, cúbralas con papel aluminio y déjelas reposar durante 15 minutos. Córtelas en rebanadas (los cortes debe ser perpendiculares al hueso) y sírvalas con las papas.

Tiempo de preparación:
00:15
Modo y tiempo de cocción:
SIN COCCIÓN
00:15

Fideos salteados CON RES Y BRÓCOLI

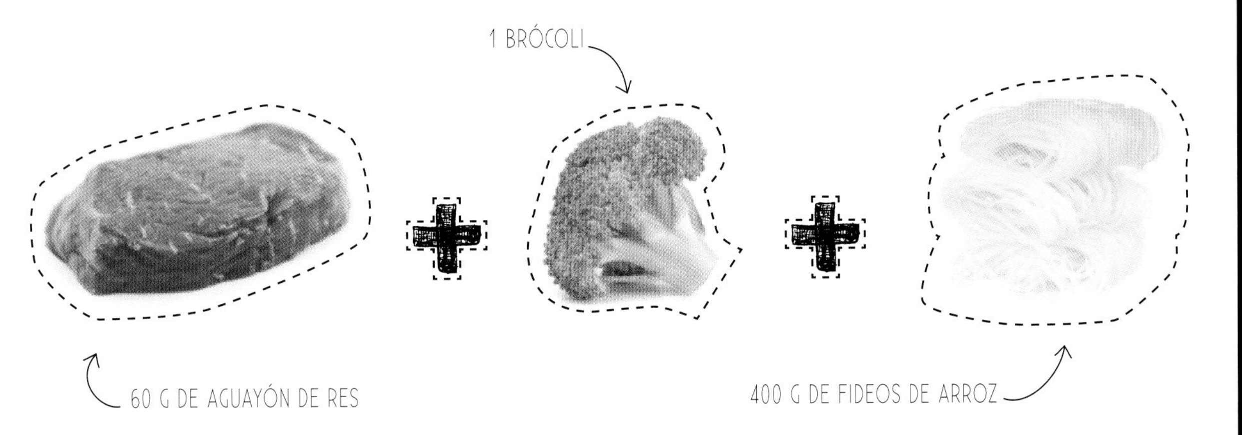

ADEMÁS...

+ 3 CUCHARADAS DE ACEITE DE OLIVA
+ SALSA DE SOYA AL GUSTO
+ CACAHUATES TOSTADOS CON SAL, AL GUSTO

PROCEDIMIENTO

1 Corte la carne en tiras delgadas. Retire y deseche el tallo del brócoli y córtelo en tozos pequeños.

2 Coloque en un tazón los fideos de arroz y cúbralos con agua hirviendo. Agregue un poco de sal y deje que se hidraten.

3 Ponga sobre el fuego un wok o un sartén de fondo grueso con el aceite de oliva; cuando esté caliente, saltee en él las tiras de carne hasta que se doren. Agregue los trozos de brócoli y 1 taza de agua. Deje cocer la preparación hasta que el agua se haya evaporado casi por completo y añada los fideos de arroz escurridos; mezcle bien.

4 Sirva y acompañe con salsa de soya y cacahuates al gusto.

Solomillo de cerdo
CON LIMÓN CONFITADO

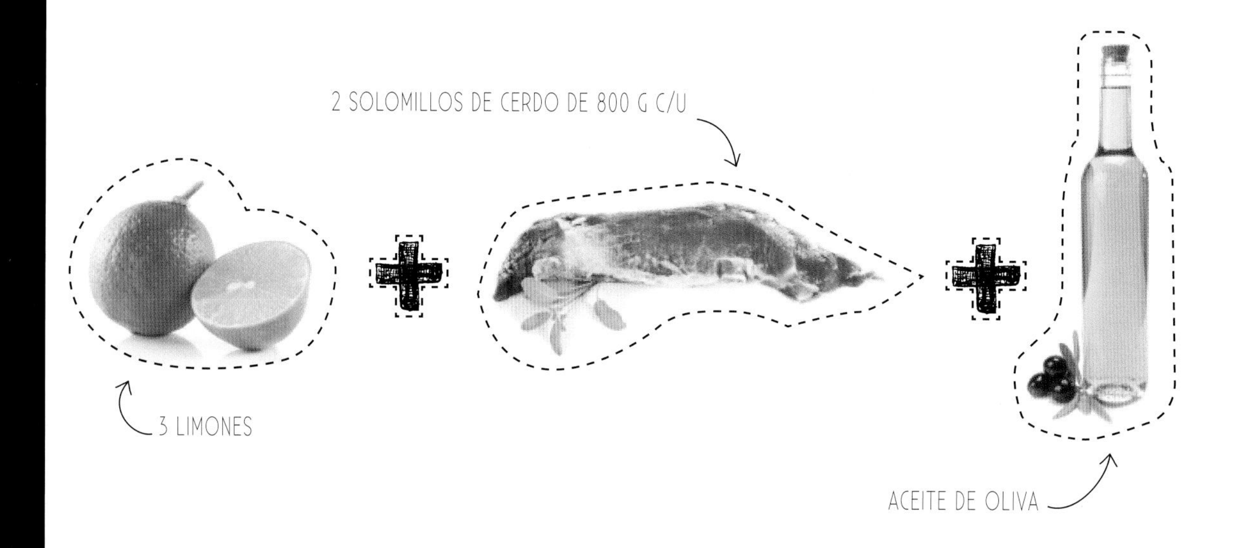

ADEMÁS...

+ SAL Y PIMIENTA AL GUSTO

PROCEDIMIENTO

1 Precaliente el horno a 200 °C.

2 Corte los limones en rodajas delgadas. Colóquelas en la base de un refractario formando una capa y cúbralas con aceite de oliva.

3 Ponga los solomillos encima de las rodajas de limón y salpimiéntelos. Hornéelos durante 40 minutos, volteándolos cada 10 minutos.

4 Corte la carne en rodajas gruesas y sírvala, caliente o fría, acompañada de los limones confitados.

VARIANTE

Para un plato más completo, deje marinar en un tazón las rodajas de limón con aceite de oliva mientras corta algunas verduras (calabacita, camote, papa, brócoli, etc.). Colóquelas en la base del refractario, cúbralas con las rodajas de limón y continúe preparando la receta como indica el procedimiento.

Tiempo de preparación:  00:05

Modo y tiempo de cocción:   SIN COCCIÓN 00:40

8

00:15

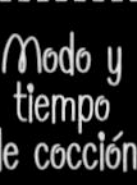

Modo y tiempo de cocción

00:15

Tiras de ternera **CON ACEITUNAS**

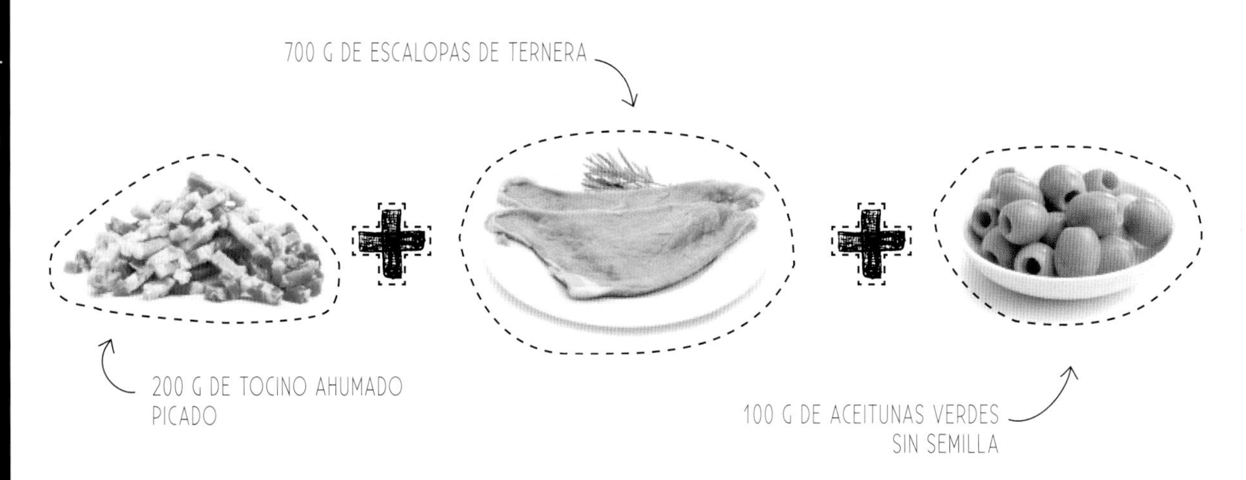

ADEMÁS...

- + 1 CUCHARADA DE ACEITE DE OLIVA
- + EL JUGO DE 1 LIMÓN
- + SAL Y PIMIENTA AL GUSTO

PROCEDIMIENTO

1 Corte las escalopas de ternera en tiras.

2 Ponga sobre el fuego un sartén con el aceite de oliva; cuando se caliente, fría el tocino hasta se doren. Añada las tiras de ternera y saltéelas durante 10 minutos.

3 Salpimiente al gusto y agregue el jugo de limón y las aceitunas. Continúe la cocción hasta que se evapore todo el líquido.

CONSEJO

Sirva este platillo con arroz al vapor.

Arroz con cordero
Y CHABACANOS

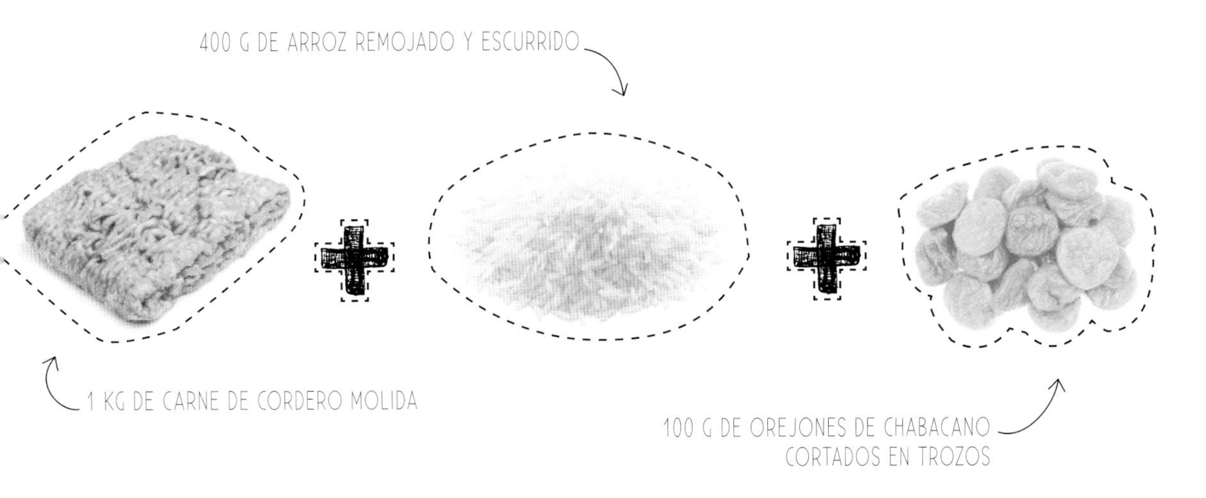

8

00:15

Modo y tiempo de cocción

00:20

ADEMÁS...

+ 2 CUCHARADAS DE ACEITE DE OLIVA
+ SAL AL GUSTO

PROCEDIMIENTO

1 Hierva 900 mililitros de agua.

2 Ponga sobre el fuego un sartén grande con el aceite de oliva; cuando esté caliente, fría en él la carne molida, moviéndola ocasionalmente, hasta que esté bien cocida y ligeramente dorada.

3 Añada el arroz al sartén y saltéelo durante 5 minutos. Vierta el agua hirviendo y añada sal al gusto y los orejones. Baje el fuego, tape el sartén y deje cocer el arroz durante 15 minutos, mezclando ocasionalmente.

4 Verifique la cocción del arroz; éste deberá haber absorbido toda el agua y estar suave. Si es necesario, continúe la cocción durante algunos minutos más.

Rollos de ternera, PROVOLONE Y ROMERO

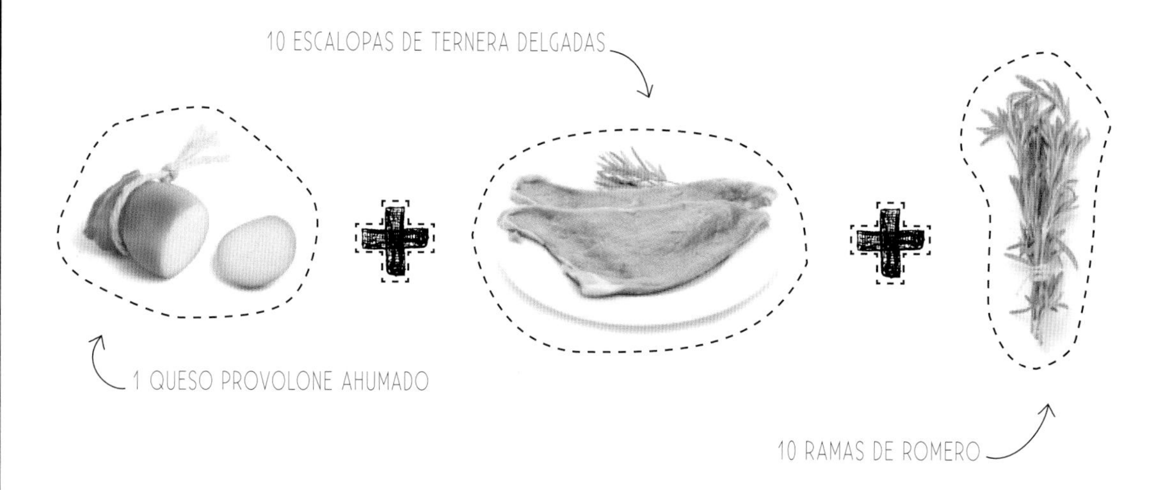

ADEMÁS...

+ 3 CUCHARADAS DE ACEITE DE OLIVA
+ SAL Y PIMIENTA AL GUSTO

PROCEDIMIENTO

1 Corte el queso provolone en rodajas delgadas.

2 Ponga sobre una superficie plana 1 escalopa de ternera y salpimiéntela por ambos lados. Colóquele en una orilla larga 1 rodaja de queso y enróllela sobre sí misma. Atraviese con un cuchillo, el centro del rollo e introduzca en la incisión 1 rama de romero para que el rollo no se abra. Repita este paso con las escalopas, las rodajas de queso y las ramas de romero restantes.

3 Ponga sobre el fuego un sartén grande con el aceite; cuando se caliente, fría en él los rollos por ambos lados hasta que estén bien dorados.

Tiempo de preparación: 00:15

Modo y tiempo de cocción: SIN COCCIÓN 00:15

8

Asado de ternera **ORLOFF**

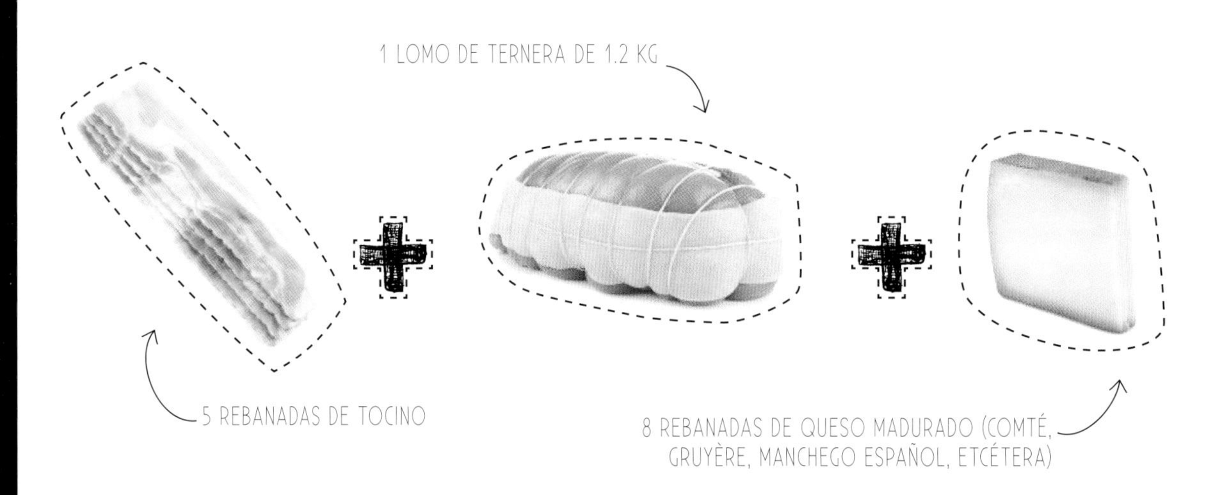

ADEMÁS...

+ 2 CUCHARADAS DE ACEITE DE OLIVA
+ PIMIENTA MOLIDA

PROCEDIMIENTO

1 Precaliente el horno a 180 °C.

2 Ponga sobre el fuego un sartén o cacerola con el aceite; asegúrese de que podrá introducir después este utensilio en el horno. Cuando el aceite se caliente, fría en él el lomo por todos sus lados hasta que estén dorados.

3 Realice 8 incisiones distribuyéndolas en todo el lomo, desde la superficie hasta el centro del mismo, utilizando un cuchillo bien afilado. Espolvoréelo con pimienta e introduzca en cada incisión 1 rebanada de tocino y 1 rebanada de queso.

4 Hornee el lomo durante 45 minutos.

5 Corte el lomo en rebanadas asegurándose de que al momento de servirlas en cada plato, cada comensal tenga un poco del tocino y del queso.

CONSEJO

Vierta 1 taza de vino blanco sobre el lomo antes de hornearlo y báñelo varias veces con el mismo durante la cocción.

Tiempo de preparación:
00:15
Modo y tiempo de cocción:
SIN COCCIÓN
00:45

Tiempo de preparación:  00:15

Modo y tiempo de cocción:   SIN COCCIÓN 00:30

Pastel de confit de pato
Y CALABAZA

800 G DE CALABAZA DE CASTILLA

4 MUSLOS DE PATO CONFITADOS, ENLATADOS

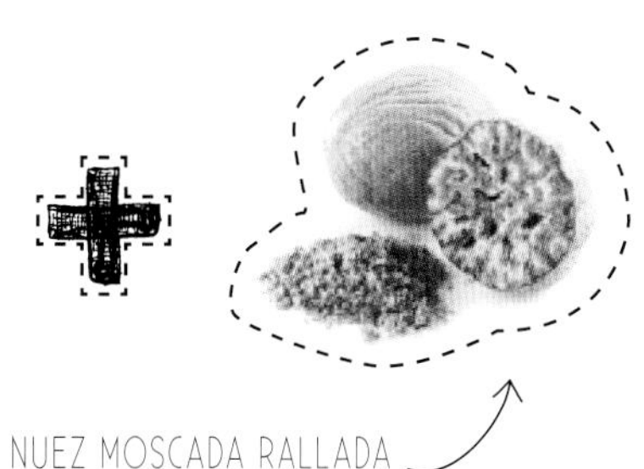

NUEZ MOSCADA RALLADA

ADEMÁS...

+ SAL Y PIMIENTA AL GUSTO
+ PIMIENTA ROSA QUEBRADA, AL GUSTO

PROCEDIMIENTO

1 Precaliente el horno a 200 °C.

2 Corte la calabaza de Castilla en trozos y retíreles la piel. Ponga sobre el fuego una olla con suficiente agua con una pizca de sal; cuando hierva, agregue los trozos de calabaza y cuézalos durante 12 minutos. Escúrralos y presiónelos con un machacador de frijoles; deberá obtener una consistencia de puré un poco grumoso. Añádale sal y pimienta al gusto y 3 pizcas de nuez moscada.

3 Retire la grasa que cubre los muslos de pato y resérvela. Quítele la piel a los muslos y deshebre la carne.

4 Engrase un refractario con un poco de la grasa de pato que reservó y distribuya en la base la carne deshebrada; cúbrala con el puré de calabaza. Hornee la preparación durante 30 minutos.

5 Antes de servir, espolvoree el pastel con un poco de nuez moscada y de pimienta rosa quebrada.

VARIANTE

Obtenga un pastel de pollo y calabaza sustituyendo la carne deshebrada de muslos de pato por un salteado compacto de 400 g de pechuga de pollo deshebrada con los sabores de su elección.

Asado de cerdo con leche **INFUSIONADA CON SALVIA**

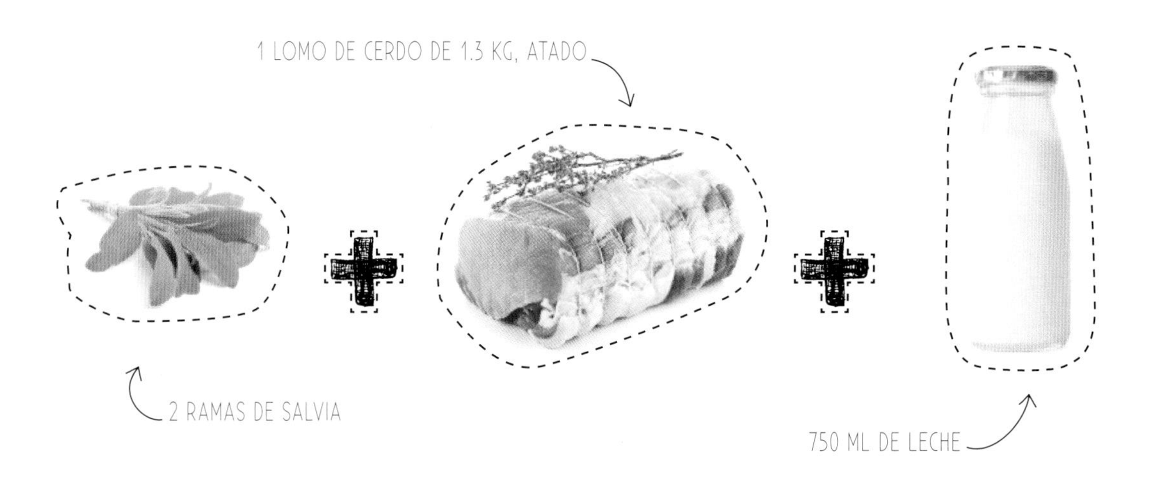

ADEMÁS...

+ 5 DIENTES DE AJO
+ SAL AL GUSTO

PROCEDIMIENTO

1 Precaliente el horno a 200 °C.

2 Introduzca las ramas de salvia en la parte superior del lomo, debajo del hilo cáñamo.

3 Coloque el lomo en un refractario o en una pavera, viértale encima la leche y añada sal al gusto. Distribuya los dientes de ajo alrededor del lomo.

4 Cubra el refractario con papel aluminio o tape la pavera y hornee la carne durante 1½ horas. Deje reposar el lomo durante 10 minutos, córtelo en rebanadas y retíreles el hilo cáñamo antes de servirlas.

Tiempo de preparación:  00:15

Modo y tiempo de cocción:   SIN COCCIÓN 01:30

Magret DE PATO CON MANZANA

ADEMÁS...

+ SAL Y PIMIENTA AL GUSTO

PROCEDIMIENTO

1 Precaliente el horno a 250 °C.

2 Haga incisiones poco profundas con un cuchillo filoso a lo largo y ancho de la piel y grasa de los *magrets* de pato. Salpimiéntelos por ambos lados.

3 Descorazone la manzana, pártala por la mitad verticalmente y corte cada una en rebanadas de ½ centímetro de grosor.

4 Coloque sobre una superficie plana dos *magrets* con la piel hacia abajo y distribúyales encima las rebanadas de manzana. Cúbralos con los dos *magrets* restantes con la piel hacia arriba. Ate las piezas con hilo cáñamo para evitar que se abran durante la cocción.

5 Cubra la base de un refractario con la cebolla fileteada y coloque encima los *magrets* rellenos. Hornéelos durante 20 minutos, volteándolos a la mitad de la cocción. Sáquelos del horno, cúbralos con papel aluminio y déjelos reposar durante 10 minutos antes de servirlos.

Tiempo de preparación:  00:15

Modo y tiempo de cocción:   SIN COCCIÓN 00:20

Fajitas de pollo CON CREMA DE QUESO

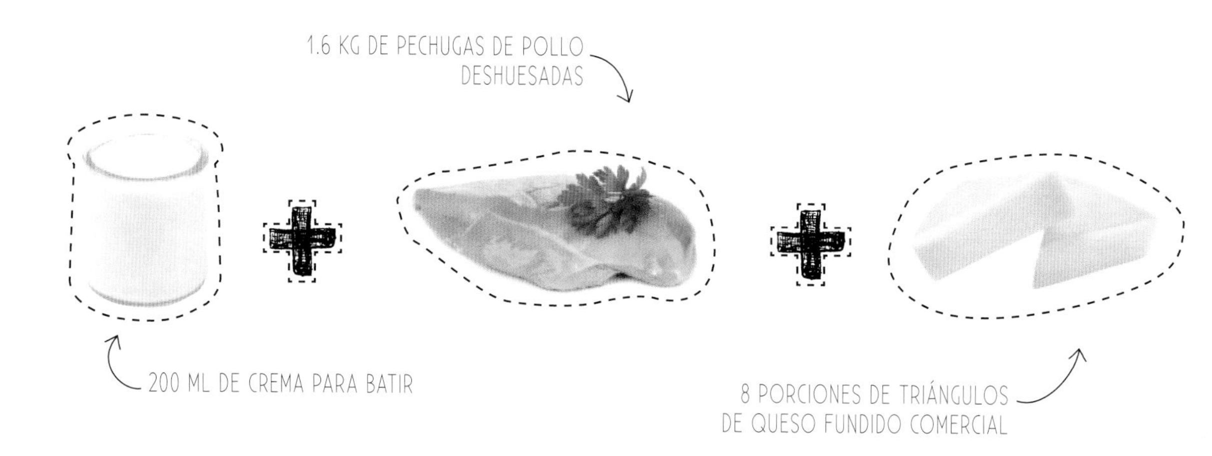

ADEMÁS...

+ 2 CUCHARADAS DE ACEITE DE OLIVA
+ SAL Y PIMIENTA AL GUSTO

PROCEDIMIENTO

1 Corte las pechugas de pollo en fajitas.

2 Ponga sobre el fuego un sartén con el aceite de oliva; cuando se caliente, saltee en él las fajitas de pollo hasta que se doren por todos lados y estén bien cocidas. Salpimiéntelas al gusto.

3 Vierta la crema sobre las fajitas y añada los trozos de queso. Deje hervir la preparación mezclándola ocasionalmente hasta obtener una salsa espesa y cremosa.

4 Sirva caliente.

Estofado de res
CON VINO BLANCO

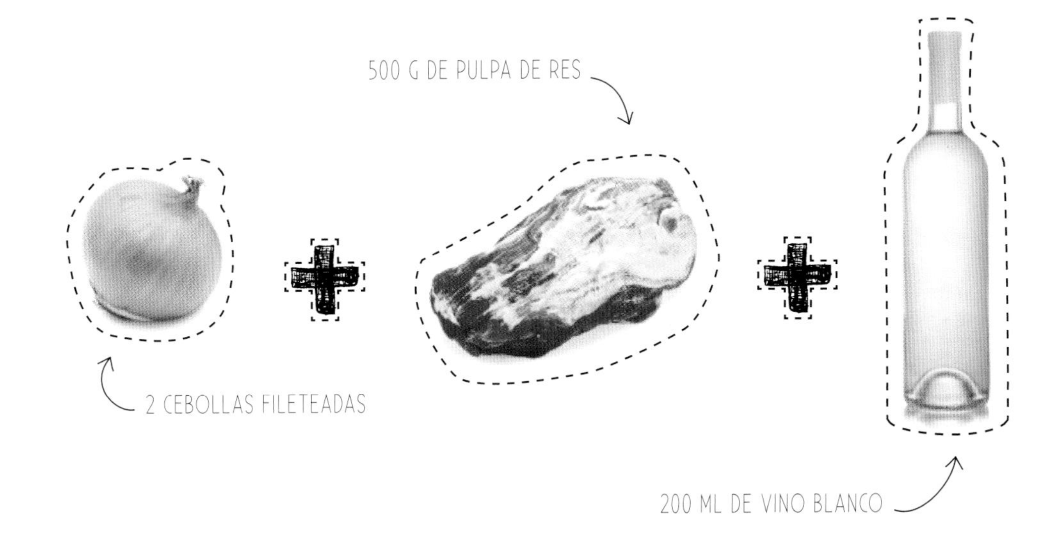

8

00:15

Modo y tiempo de cocción

00:45

ADEMÁS...

+ 4 CUCHARADAS DE ACEITE DE OLIVA
+ 1 RAMILLETE DE HIERBAS AROMÁTICAS
+ SAL Y PIMIENTA AL GUSTO

PROCEDIMIENTO

1 Corte la carne en rebanadas delgadas siguiendo el sentido de las fibras. Resérvelas.

2 Ponga sobre el fuego una cacerola de fondo grueso con la mitad del aceite de oliva; cuando se caliente, saltee en él las rebanadas de carne durante 5 minutos. Sáquelas de la cacerola y resérvelas.

3 Añada el resto del aceite a la cacerola y baje el fuego a media intensidad. Agregue las cebollas fileteadas y cuézalas, moviéndolas ocasionalmente, entre 5 y 8 minutos o hasta que estén suaves y ligeramente doradas. Añada la carne que reservó, el vino blanco, 1 taza de agua, el ramillete de hierbas, sal y pimienta al gusto. Tape la cacerola, baje el fuego y deje cocer el estofado durante 40 minutos. Sírvalo caliente.

8

Apionabo asado, MANZANA Y JAMÓN SERRANO

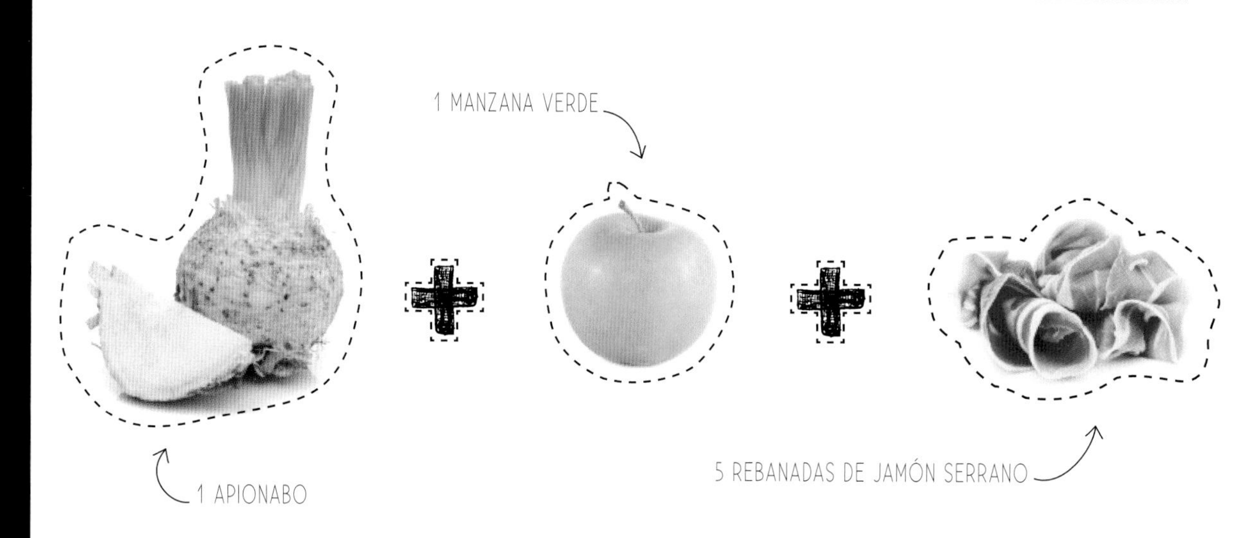

ADEMÁS...

+ ACEITE DE OLIVA PARA ENGRASAR
+ SAL Y PIMIENTA AL GUSTO

CONSEJO

Barnice el apionabo y la manzana con un poco de jarabe de maple antes de hornearlos; los vegetales se caramelizarán y tendrán un mejor sabor.

VARIANTE

Sustituya el apionabo por nabo y el jamón serrano por *panceta*.

PROCEDIMIENTO

1 Precaliente el horno a 200 °C.

2 Pele el apionabo y córtelo en rodajas de 1 centímetro de grosor.

3 Ponga sobre el fuego una olla con suficiente agua con sal; cuando hierva, agregue las rodajas de apionabo y cuézalas durante 10 minutos o hasta que estén suaves. Escúrralas y resérvelas.

4 Descorazone la manzana, córtela en cuartos y después, corte cada cuarto en rebanadas gruesas.

5 Engrase con un poco de aceite de oliva un refractario. Coloque en él de forma alternada las rodajas de apionabo y las rebanadas de manzana y de jamón serrano. Salpimiente la preparación al gusto y hornéela entre 15 y 20 minutos. Sirva.

Tiempo de preparación:  00:15

Modo y tiempo de cocción:   SIN COCCIÓN 00:15

Tiempo de preparación: 00:15

Modo y tiempo de cocción: SIN COCCIÓN 00:12

Pollo empanizado
CON QUESO PARMESANO

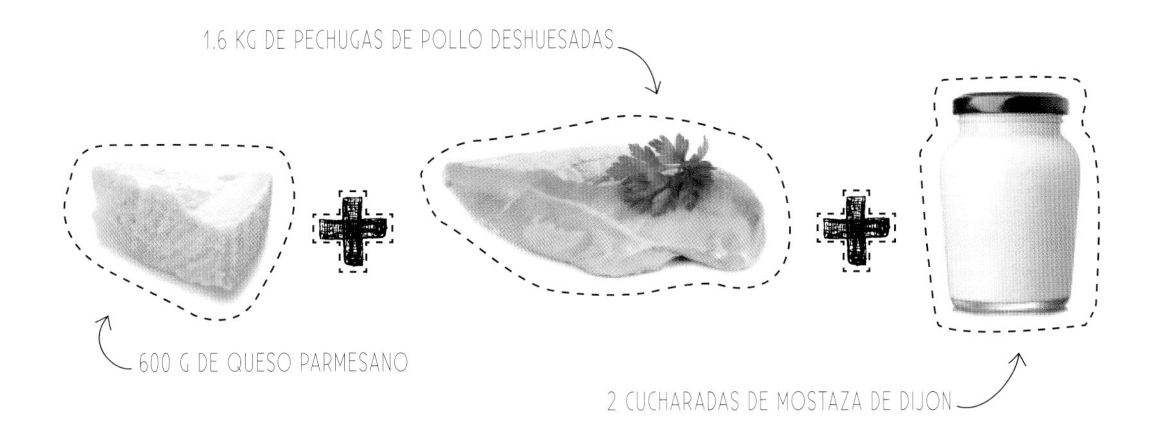

ADEMÁS...

- + 3 CUCHARADAS DE ACEITE DE OLIVA
- + GAJOS DE LIMÓN, AL GUSTO
- + HOJAS DE PEREJIL, AL GUSTO

PROCEDIMIENTO

1 Corte las pechugas de pollo en fajitas.

2 Ralle el queso parmesano y colóquelo en un plato extendido. Unte por ambos lados las fajitas de pollo con un poco de mostaza y páselas por el queso rallado hasta cubrirlas por completo.

3 Ponga sobre el fuego un sartén antiadherente con el aceite de oliva; cuando se caliente, fría en él algunas fajitas de pollo, dependiendo del tamaño del sartén, y cuézalas durante 3 minutos por ambos lados o hasta que estén bien cocidas. Retírelas del sartén y resérvelas calientes mientras cuece el resto de ellas.

4 Sirva el pollo empanizado acompañado con gajos de limón y hojas de perejil al gusto.

CONSEJO

Para mantener calientes las primeras tandas de pollo, resérvelas en el horno a 100 °C.

Curry rojo de pollo
CON LECHE DE COCO

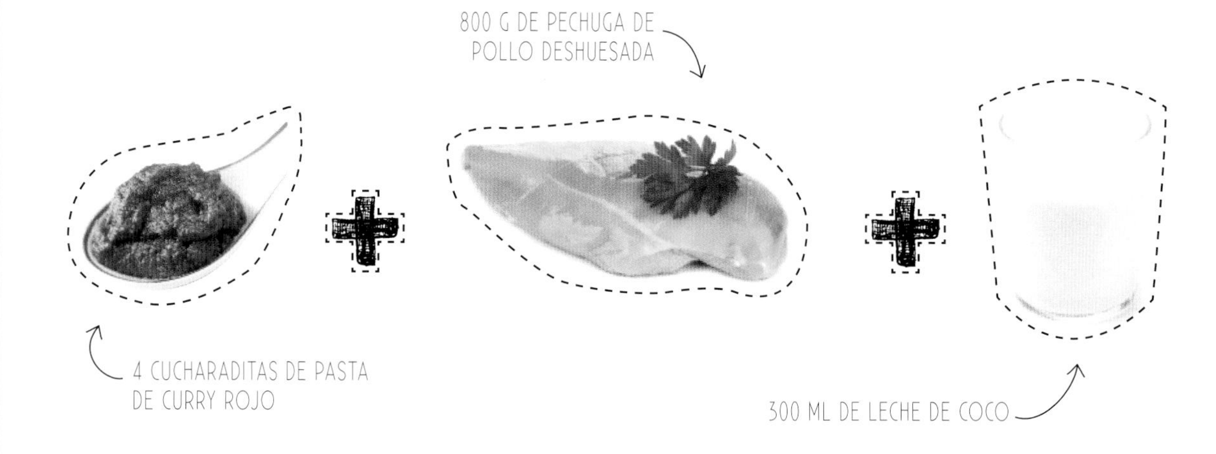

ADEMÁS...

- + 2 CUCHARADAS DE ACEITE DE OLIVA
- + 4 TAZAS DE ARROZ JAZMÍN COCIDO AL VAPOR
- + SAL AL GUSTO
- + GAJOS DE LIMÓN, AL GUSTO
- + HOJAS DE CILANTRO, AL GUSTO

PROCEDIMIENTO

1 Corte la pechuga de pollo en fajitas y úntelas con la mitad de la pasta de curry rojo.

2 Ponga sobre el fuego un sartén con el aceite de oliva; cuando se caliente, saltee en él las fajitas de pollo hasta que se doren y estén bien cocidas. Añádales sal al gusto.

3 Vierta sobre el pollo la leche de coco y el resto de la pasta de curry; baje el fuego a media intensidad y deje cocer la preparación, mezclándola ocasionalmente, durante 10 minutos o hasta que obtenga una salsa cremosa.

4 Sirva el curry sobre una cama de arroz jazmín y acompáñelo con gajos de limón y hojas de cilantro al gusto.

Tiempo de preparación:  00:15

Modo y tiempo de cocción:   SIN COCCIÓN 00:15

Medallones de cerdo
A LA SIDRA

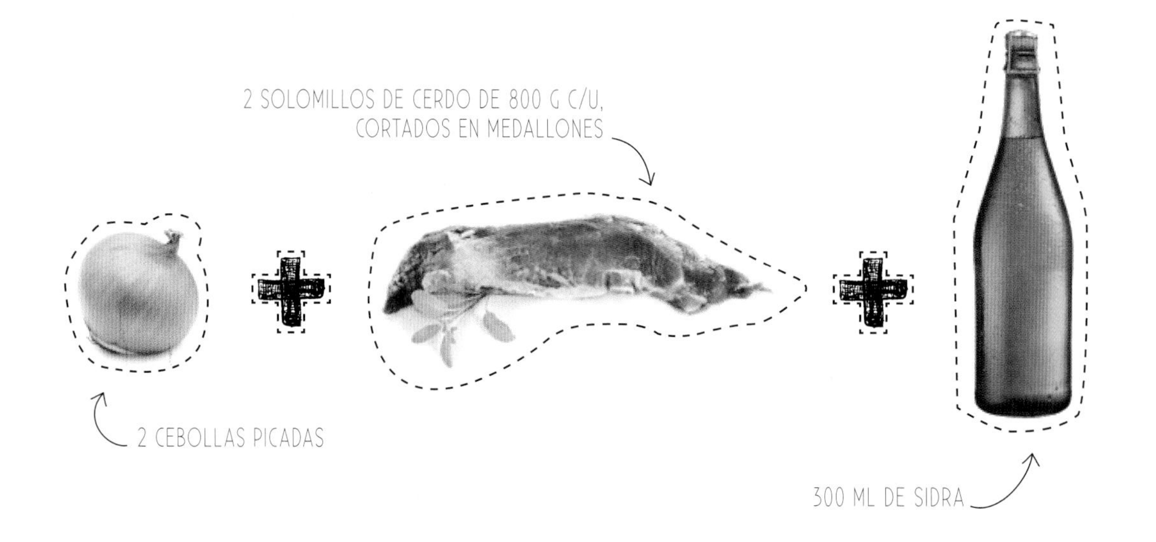

ADEMÁS...

+ 4 CUCHARADAS DE ACEITE DE OLIVA
+ SAL Y PIMIENTA AL GUSTO

PROCEDIMIENTO

1 Ponga sobre el fuego un sartén con la mitad del aceite de oliva; cuando se caliente, sofría en él la cebolla picada durante 5 minutos o hasta que esté suave pero no dorada. Retírela del sartén y resérvela.

2 Añada el resto del aceite al sartén y selle los medallones de cerdo durante 2 minutos por todos sus lados o hasta que se doren. Salpimiéntelos al gusto.

3 Agregue al sartén la cebolla que reservó y la sidra. Deje que la preparación hierva y continúe la cocción raspando el fondo del sartén con una pala de madera hasta que el líquido se haya reducido a la mitad.

4 Sirva los medallones de cerdo bañados con suficiente salsa de sidra y cebollas.

Tiempo de preparación:  00:15

Modo y tiempo de cocción:   SIN COCCIÓN 00:14

8

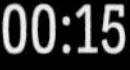
00:15

Modo y tiempo de cocción

00:20

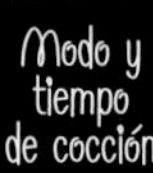

Papas GRATINADAS

ADEMÁS...

+ 1 DIENTE DE AJO PICADO FINAMENTE
+ SAL Y PIMIENTA AL GUSTO

PROCEDIMIENTO

1 Precaliente el horno a 200 °C.

2 Pele las papas y hiérvalas en una olla con suficiente agua y un poco de sal durante 15 minutos. Escúrralas y córtelas en rodajas gruesas.

3 Distribuya las rodajas de papa en un refractario y salpiméntelas al gusto.

4 Acreme el queso crema y mézclelo con el ajo picado y la crema. Vierta esta mezcla sobre las papas y hornéelas durante 20 minutos.

VARIANTE

Agregue a la preparación cubos de tocino o de jamón de pierna antes de introducirla en el horno.

Col
Y MERLUZA

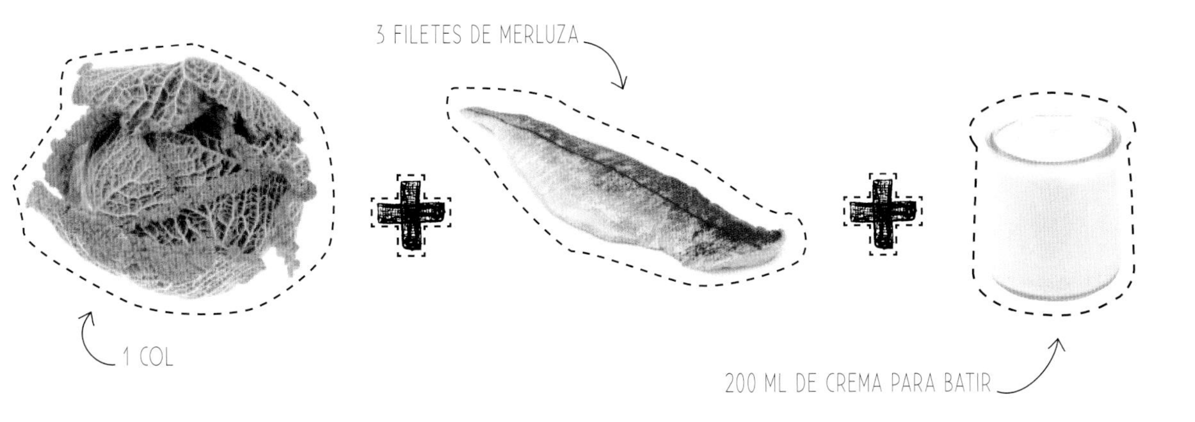

8

00:15

Modo y tiempo de cocción

00:25

ADEMÁS...

+ 2 CUCHARADAS DE ACEITE DE OLIVA
+ SAL Y PIMIENTA AL GUSTO

PROCEDIMIENTO

1 Parta la col por la mitad y filetéela finamente.

2 Ponga sobre el fuego una cacerola con el aceite de oliva; cuando se caliente, saltee en él la col durante 5 minutos. Vierta 1 taza de agua, tape la cacerola, baje el fuego a media intensidad y continúe la cocción durante 15 minutos o hasta que la col esté suave.

3 Retire la piel de los filetes y deséchela; corte los filetes en tiras.

4 Ponga sobre el fuego una olla pequeña con la crema para batir; cuando hierva, agregue las tiras de pescado y déjelas cocer durante 5 minutos.

5 Vierta la crema con el pescado sobre la col, mezcle y sirva.

Pasta con chícharos DE NIEVE Y CAMARONES

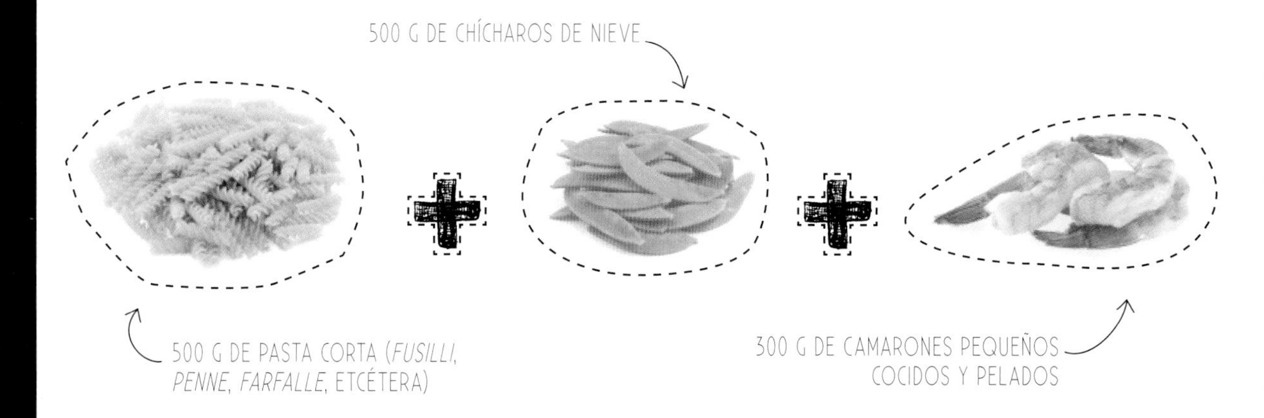

ADEMÁS...

- + 2 CUCHARADAS DE ACEITE DE OLIVA
- + SAL AL GUSTO
- + VINAGRETA DE VINAGRE BALSÁMICO, AL GUSTO

PROCEDIMIENTO

1 Ponga sobre el fuego una olla con suficiente agua para cocer la pasta y un poco de sal; cuando hierva, cueza en ella la pasta entre 8 y 10 minutos para que quede al dente. Escurra la pasta, colóquela en un tazón y mézclela con el aceite de oliva para evitar que se pegue.

2 Hierva más agua con un poco de sal y cueza en ella los chícharos de nieve durante 7 minutos. Escúrralos y enfríelos sumergiéndolos en un tazón con agua y hielos para detener la cocción. Escúrralos nuevamente.

3 Mezcle en un tazón la pasta cocida, los chícharos y los camarones. Sirva y aderece con vinagreta de vinagre balsámico al gusto.

CONSEJO

Para preparar la vinagreta de vinagre balsámico, mezcle en un frasco 3 cucharadas de vinagre balsámico, ½ diente de ajo picado finamente, 1 cucharadita de miel de abeja, ½ taza de aceite de oliva, sal y pimienta al gusto; tape el frasco y agítelo hasta obtener una emulsión.

Tiempo de preparación:
00:15
Modo y tiempo de cocción:
SIN COCCIÓN
00:15

Lentejas
CREMOSAS CON PESCADO

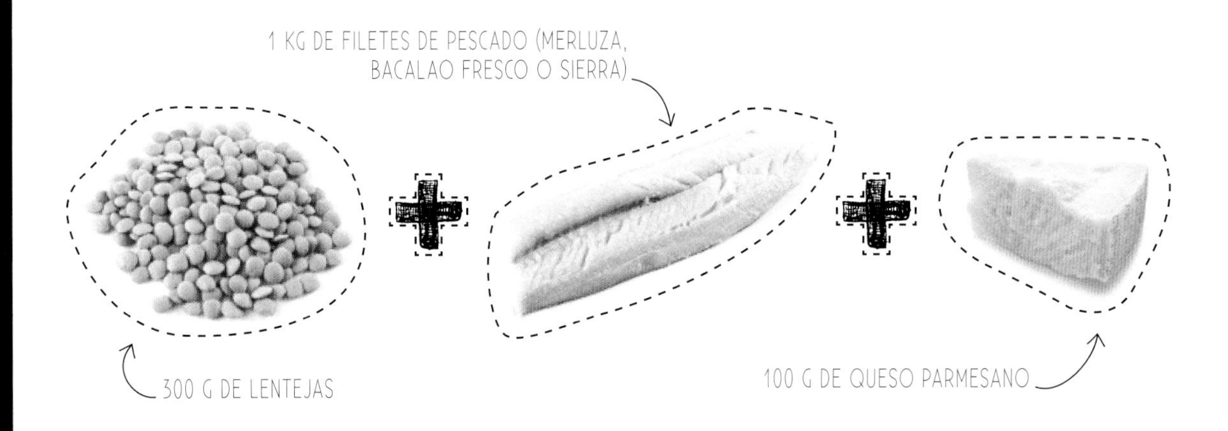

ADEMÁS...

+ 1 HOJA DE LAUREL
+ SAL Y PIMIENTA AL GUSTO

PROCEDIMIENTO

1 Retire la piel de los filetes de pescado y córtelos en cubos. Resérvelos.

2 Remoje en agua fría las lentejas durante 30 minutos. Escúrralas y colóquelas en una olla con la hoja de laurel. Cúbralas con agua y ponga la olla sobre fuego medio. Cueza las lentejas durante 20 minutos.

3 Agregue los cubos de pescado a las lentejas y deje que la preparación se cueza durante 10 minutos más.

4 Ralle 80 gramos del queso. Escurra las lentejas con el pescado y colóquelas en un tazón; agrégueles el queso rallado y pimienta al gusto; mezcle bien. Pruebe la preparación y agregue más sal en caso de ser necesario.

5 Sirva las lentejas cremosas decoradas con el queso restante cortado en láminas.

Tiempo de preparación:
00:15
Modo y tiempo de cocción:
SIN COCCIÓN
00:30

Papas, pescado
Y JAMÓN SERRANO

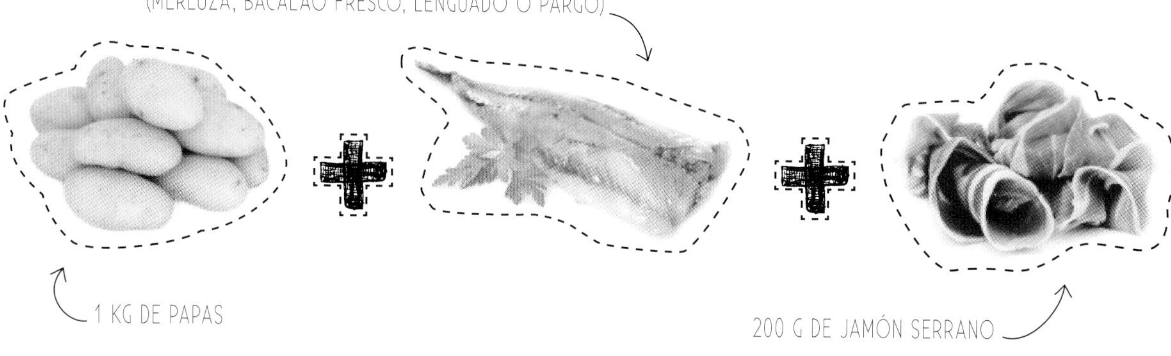

ADEMÁS...

+ 1 TAZA DE VINO BLANCO (OPCIONAL)
+ SAL Y PIMIENTA AL GUSTO

PROCEDIMIENTO

1 Precaliente el horno a 250 °C.

2 Pele las papas y córtelas en rodajas delgadas. Corte el filete de pescado en cubos y el jamón serrano en tiras.

3 Forme con algunas rodajas de papa una cama en el fondo de una cacerola de fondo grueso, distribuya encima un poco del pescado y del jamón serrano, añada sal y pimienta al gusto. Repita este paso alternando capas de papas, pescado y jamón hasta terminar con todos los ingredientes. Báñelos con el vino blanco o con agua.

4 Tape la cacerola y hornee la preparación durante 35 minutos. Retire la tapa y continúe la cocción durante algunos minutos más para que la superficie se dore. (Antes de sacar la cacerola del horno verifique la cocción de las papas, las cuales deberán estar suaves; de lo contrario, prolongue el tiempo de cocción con la olla tapada.)

CONSEJO

Puede sustituir el jamón serrano por 4 rebanadas gruesas de tocino ahumado.

Tiempo de preparación:  00:15

Modo y tiempo de cocción:   SIN COCCIÓN 00:35

8

Brochetas de camarón CON JUGO DE NARANJA

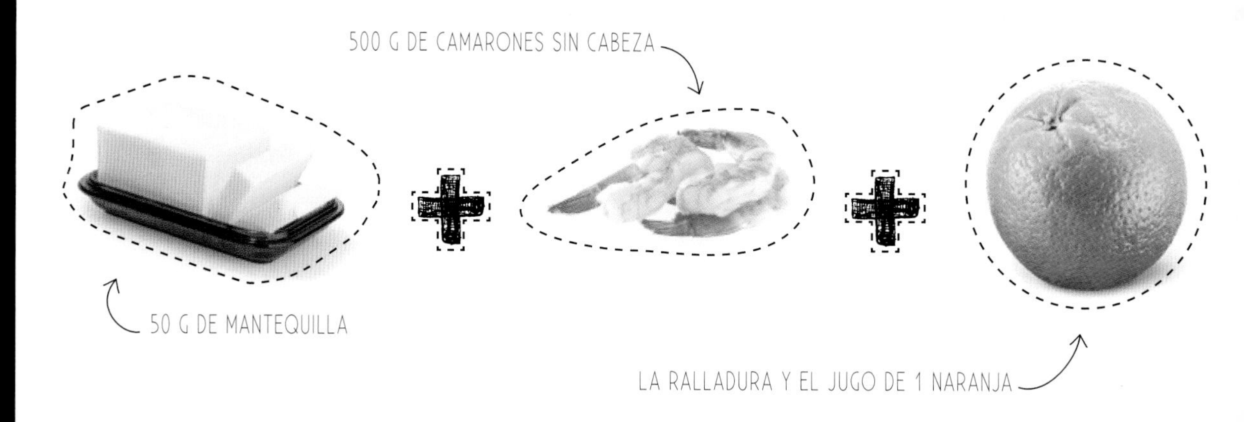

ADEMÁS...

+ 1 DIENTE DE AJO PICADO FINAMENTE O RALLADO
+ SAL Y PIMIENTA AL GUSTO

PROCEDIMIENTO

1 Precaliente el asador o el grill del horno. Sumerja durante 5 minutos en un recipiente con agua fría brochetas de madera suficientes para insertar en cada una de ellas 3 camarones.

2 Inserte 3 camarones en cada brocheta y colóquelas en una charola para hornear cubierta con papel aluminio.

3 Mezcle en un tazón la ralladura y el jugo de naranja con el ajo, sal y pimienta al gusto. Vierta la mezcla sobre las brochetas de camarón.

4 Corte la mantequilla en cubos y colóquelos sobre los camarones.

5 Hornee las brochetas entre 2 y 3 minutos por cada lado o hasta que los camarones estén bien cocidos y dorados. Sirva las brochetas calientes acompañadas con los jugos de cocción.

Tiempo de preparación:
00:15
Modo y tiempo de cocción:
SIN COCCIÓN
00:06

8

00:15

Modo y tiempo de cocción

00:05

Tataki
DE SALMÓN

ADEMÁS...

+ 1 DIENTE DE AJO PICADO FINAMENTE
+ 2 CUCHARADAS DE ACEITE DE OLIVA

PROCEDIMIENTO

1 Mezcle en un tazón la salsa de soya con la miel de abeja y el ajo picado.

2 Ponga sobre el fuego un sartén grande con el aceite de oliva; cuando esté caliente, selle los trozos de salmón por todos sus lados hasta que se doren. El salmón deberá estar crudo al interior.

3 Corte los trozos de salmón en rebanadas de ½ centímetro de grosor con un cuchillo filoso. Sírvalas bañadas con la mezcla de soya y miel.

CONSEJO

También puede utilizar la mezcla de soya y miel para aderezar arroz blanco cocido.

Ceviche
DE ABADEJO

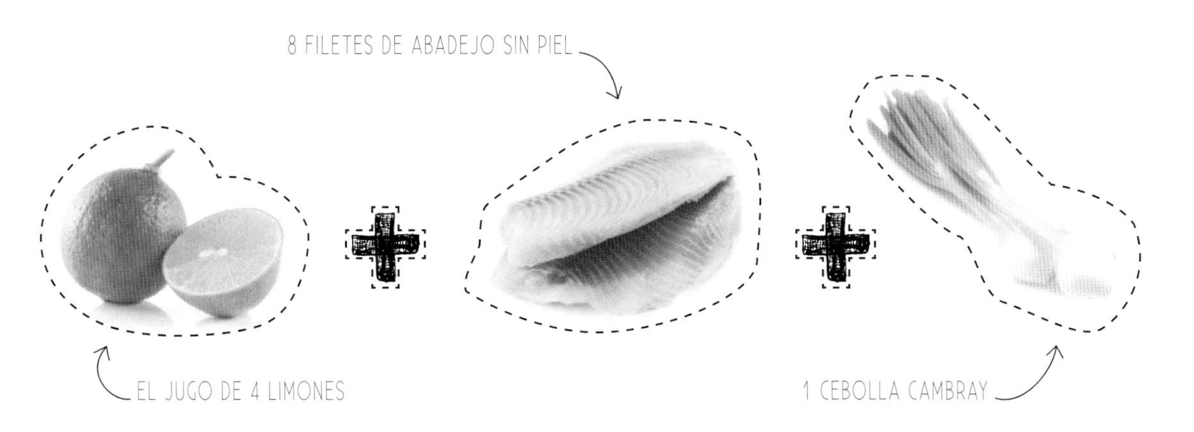

ADEMÁS...

+ 1 CHILE SERRANO PICADO
+ 3 CUCHARADITAS DE SAL

PROCEDIMIENTO

1 Mezcle en un tazón el jugo de limón con la sal.

2 Corte en rebanadas delgadas la cebolla cambray con todo y rabo y añádalas al jugo de limón.

3 Corte los filetes de abadejo en cubos de 1.5 centímetros de grosor. Añádalos a la mezcla de limón y cebolla y deje que se marinen durante 20 minutos.

4 Escurra el exceso de limón y sirva el ceviche.

8

00:15

Modo y tiempo de cocción

00:00

SIN COCCIÓN

8

Estofado
DE PESCADO Y ESPECIAS

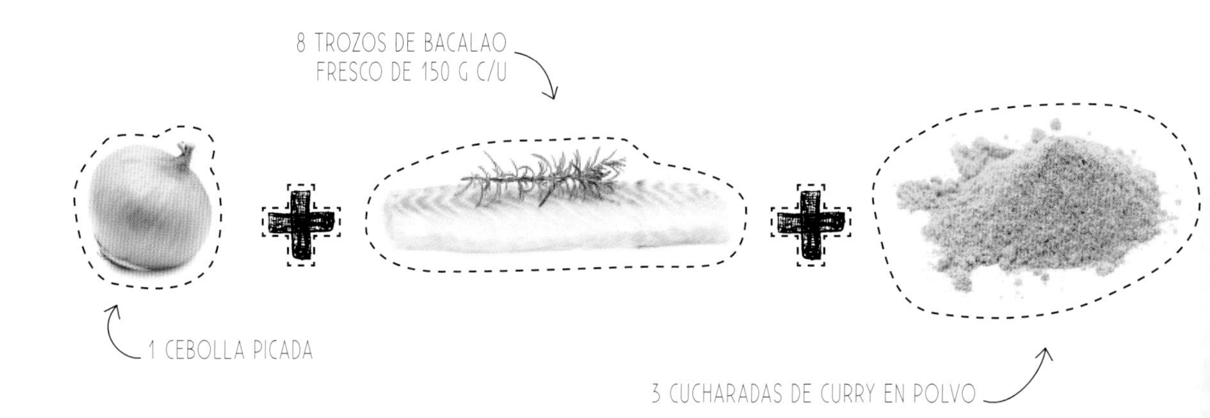

ADEMÁS...

- + 2 CUCHARADAS DE ACEITE DE OLIVA
- + 1 TAZA DE TIRAS DE PIMIENTOS DE COLORES
- + SAL AL GUSTO

PROCEDIMIENTO

1 Ponga sobre el fuego un sartén con el aceite; cuando se caliente, saltee la cebolla picada y las tiras de pimiento hasta que estén suaves. Agregue el curry en polvo, mezcle 30 segundos y vierta 1 taza de agua.

2 Cuando la preparación hierva, coloque encima los trozos de bacalao, añada sal al gusto y tape el sartén. Deje cocer el pescado durante 10 minutos. Transfiera el pescado y las tiras de pimiento a un plato. Suba la intensidad del fuego y deje reducir el líquido de cocción hasta que obtenga una salsa espesa.

3 Sirva el bacalao con las tiras de pimiento bañadas con la salsa especiada.

CONSEJO

Puede sustituir el bacalao fresco por la misma cantidad de merluza o de sierra.

Tiempo de preparación:  00:15

Modo y tiempo de cocción:   SIN COCCIÓN 00:15

Puré de papas Y BACALAO

600 G DE PAPAS PELADAS Y CORTADAS EN CUBOS

600 G DE BACALAO FRESCO O DESALADO

1 DIENTE DE AJO

ADEMÁS...

- + 2 TAZAS DE LECHE
- + 5 RAMAS DE TOMILLO
- + SAL AL GUSTO
- + ACEITE DE OLIVA AL GUSTO

PROCEDIMIENTO

1 Ponga sobre el fuego una olla con la leche y 2 tazas de agua; cuando hiervan, añada el bacalao y las ramas de tomillo; cuando el líquido hierva nuevamente, baje el fuego y deje cocer el pescado durante 5 minutos. Escúrralo y reserve el líquido de cocción. Desmenuce el pescado en un tazón con un tenedor.

2 Cueza los cubos de papas durante 20 minutos en una olla con suficiente agua hirviendo, sal y el diente de ajo. Escúrralos y aplástelos junto con el ajo con un machacador de frijoles.

3 Incorpore poco a poco al puré de papas el pescado desmenuzado con un poco del líquido de cocción; mezcle hasta obtener una preparación ligera y cremosa.

4 Sirva el puré de papas y bacalao rociado con un poco de aceite de oliva.

CONSEJO

Puede sustituir el bacalao fresco por la misma cantidad de merluza o de sierra.

Tiempo de preparación: 00:15

Modo y tiempo de cocción: SIN COCCIÓN 00:25

Cremas
DE CHOCOLATE

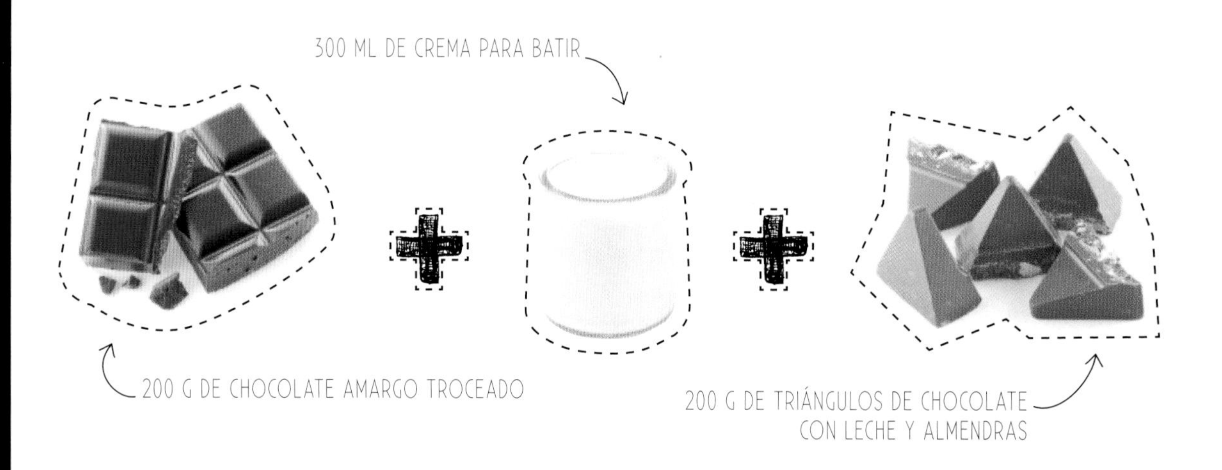

CONSEJO

Para realizar láminas de chocolate para decorar, congele un triángulo de chocolate con leche y almendras durante 10 minutos; posteriormente utilice un pelapapas para obtener las láminas.

PROCEDIMIENTO

1 Derrita el chocolate amargo a baño María o en el microondas.

2 Hierva la crema para batir en una olla pequeña sobre el fuego. Añádala en tres tandas al chocolate derretido, mezclando bien entre cada adición, para obtener una mezcla lisa y cremosa. Déjela entibiar.

3 Pique los triángulos de chocolate con leche y almendras con un cuchillo. Reserve 2 cucharadas para decorar e incorpore el resto a la crema de chocolate tibia.

4 Distribuya la preparación en 8 copas para postre, decórelas con el chocolate que reservó y refrigérelas hasta el momento de servir.

Tiempo de preparación:  00:15

Modo y tiempo de cocción:   SIN COCCIÓN 00:10

Peras rellenas
CON CRUMBLE DE ALMENDRA

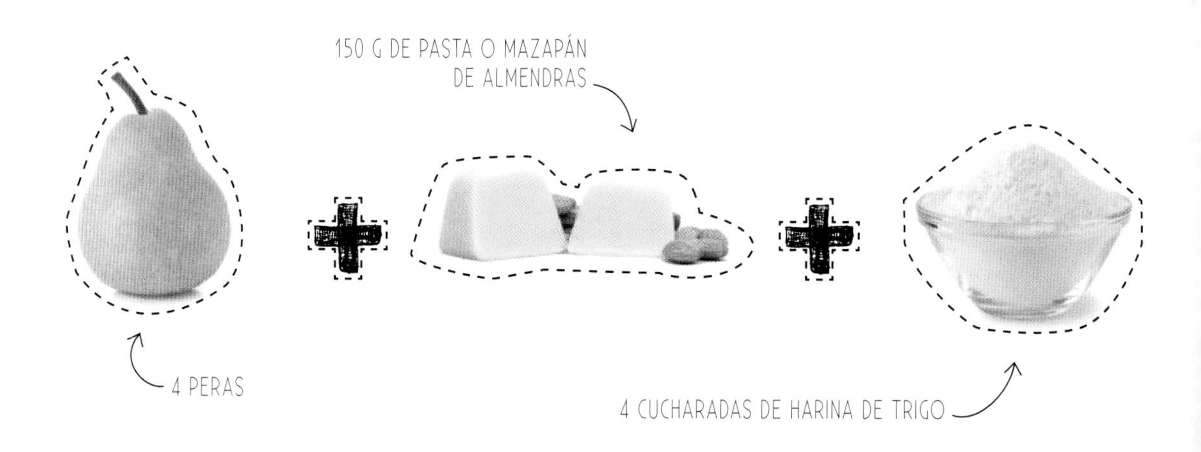

VARIANTE

Coloque un trozo pequeño de chocolate amargo en el centro de las peras antes de agregar el relleno de almendra; hornéelas como indica la receta, espolvoreándolas con almendras fileteadas 10 minutos antes del término de la cocción.

PROCEDIMIENTO

1 Precaliente el horno a 180 °C.

2 Corte la pasta o mazapán de almendras en cubos y colóquelos en un procesador de alimentos junto con la harina. Encienda varias veces el procesador durante algunos segundos hasta obtener una consistencia arenosa.

3 Pele las peras y córtelas por la mitad a lo largo; retíreles las semillas y el centro con una cuchara cafetera.

4 Ponga las peras en un refractario con el centro hacia arriba y rellénelas con la mezcla de pasta de almendra y harina.

5 Hornéelas entre 15 y 20 minutos o hasta que el *crumble* de almendra se haya dorado.

Tiempo de preparación:

00:15

Modo y tiempo de cocción:

SIN COCCIÓN

00:15

Tarta
DE CHOCOLATE

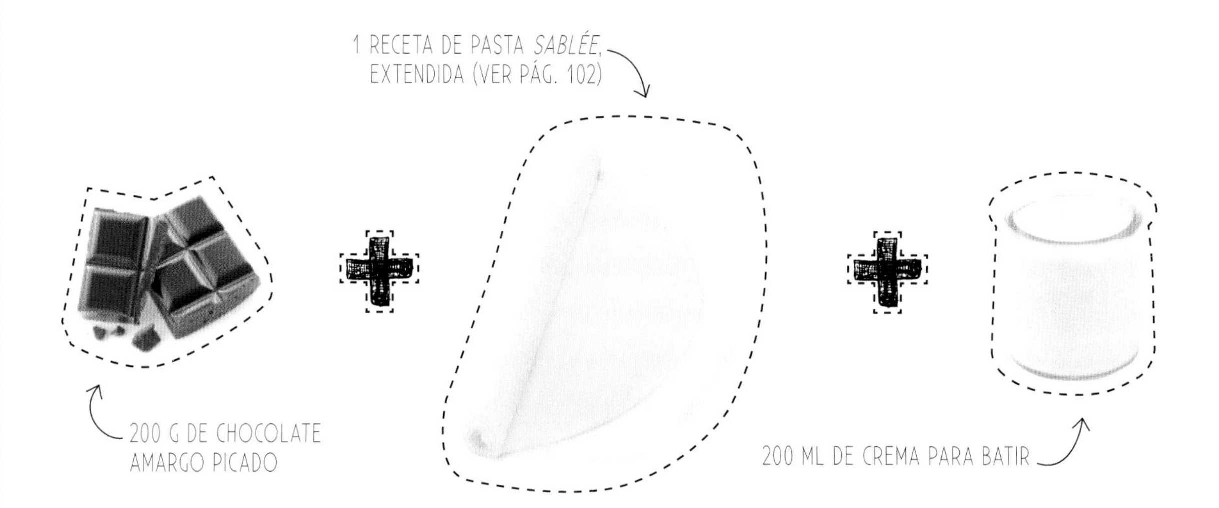

ADEMÁS...

+ CANTIDAD SUFICIENTE DE COCOA

REFRIGERACIÓN: 02:00

PROCEDIMIENTO

1 Precaliente el horno a 180 °C.

2 Coloque el chocolate picado en un tazón. Caliente la crema para batir y viértala poco a poco sobre el chocolate, mezclando constantemente hasta obtener una salsa lisa, espesa y brillante.

3 Forre un molde para tarta antiadherente de 23 centímetros con la pasta *sablée* y pique el fondo con un tenedor. Cubra la masa con papel siliconado y llene el molde con frijoles. Hornee la masa entre 10 y 14 minutos o hasta que esté cocida. Saque el molde del horno y retire el papel siliconado con los frijoles. Deje enfriar la costra de la tarta.

4 Vierta la salsa de chocolate en la costra de la tarta y refrigérela durante 2 horas. Antes de servir, espolvoree la cocoa sobre la tarta de chocolate utilizando una coladera de malla fina.

Postre de duraznos **CON CREMA**

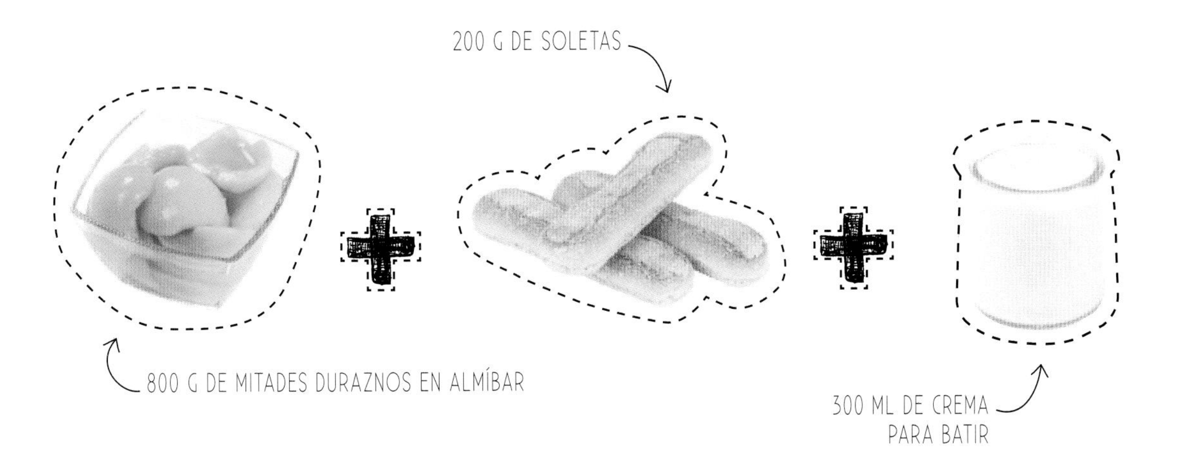

8

00:15

Modo y tiempo de cocción

00:00

SIN COCCIÓN

ADEMÁS...

+ 1 CUCHARADA DE AZÚCAR
+ 1 CUCHARADITA DE EXTRACTO DE VAINILLA

CONSEJO

Sustituya los duraznos en almíbar con duraznos frescos y el almíbar por jarabe natural mezclado con un poco de néctar de durazno.

PROCEDIMIENTO

1 Escurra las mitades de duraznos y córtelas en gajos delgados. Reserve el almíbar.

2 Bata con el azúcar la crema para batir hasta que forme picos firmes e incorpore el extracto de vainilla.

3 Reserve 4 soletas para decorar y corte en trozos grandes las soletas restantes. Cubra con la mitad de las soletas troceadas el fondo de un refractario y báñelas con un poco del almíbar de duraznos que reservó. Distribuya sobre las galletas la mitad de los gajos de durazno y de la crema batida. Repita el paso anterior con el resto de las galletas, de los gajos de durazno y de la crema batida. Trocee finamente las soletas que reservó y distribúyalas en la superficie del postre.

4 Refrigere el postre hasta el momento de servirlo.

Ensalada de fresa, PEPINO Y MENTA

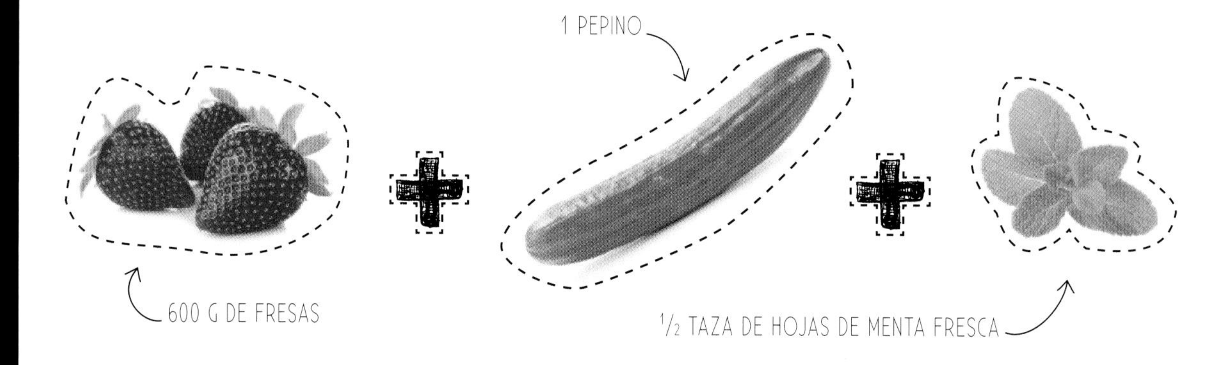

ADEMÁS...

+ AZÚCAR AL GUSTO
+ RON BLANCO (OPCIONAL)

PROCEDIMIENTO

1 Corte las fresas en cuartos. Pele el pepino, córtelo a lo largo en cuatro, retírele las semillas, y después corte cada porción en rebanadas delgadas.

2 Mezcle en un tazón las fresas, el pepino y las hojas de menta.

3 Espolvoree la ensalada con azúcar al gusto y, si lo desea, báñela con un poco de ron blanco.

VARIANTE

Prepare una bebida fresca: llene una jarra con una tercera parte de la ensalada, agregue ron y cubos de hielo al gusto y termine de llenar la jarra con limonada.

Tiempo de preparación:  00:15

Modo y tiempo de cocción:   SIN COCCIÓN 00:00

Manzanas
HORNEADAS CON PISTACHES

100 G DE PISTACHES SIN SAL, PICADOS

6 MANZANAS

6 CUCHARADITAS DE MIEL DE ABEJA

ADEMÁS...

+ 6 CUCHARADITAS DE MANTEQUILLA

PROCEDIMIENTO

1 Precaliente el horno a 180 °C.

2 Descorazone las manzanas y colóquelas en un refractario. Añada un poco de agua dentro del refractario.

3 Rellene el centro de las manzanas con los pistaches picados y con la miel de abeja.

4 Hornee las manzanas durante 15 minutos. Báñelas con los jugos que se depositen en el fondo de refractario y coloque encima de cada manzana 1 cucharadita de mantequilla. Continúe la cocción durante 15 minutos más y sirva.

Tiempo de
preparación:
00:15
Modo y tiempo
de cocción:
SIN
COCCIÓN
00:30

Piña rostizada
CON CARAMELO

ADEMÁS...

- + 20 G DE MANTEQUILLA
- + 3 CUCHARADAS DE RON AÑEJO (OPCIONAL)

PROCEDIMIENTO

1 Precaliente el horno a 250 °C. Corte las piñas a lo largo en cuatro y retíreles el centro; posteriormente corte a lo largo cada cuarto de piña en 3 o 4 porciones.

2 Abra las vainas de vainilla por la mitad a lo largo, retíreles el interior con la punta de un cuchillo y resérvelo. Corte las vainas en trozos y clávelos en los trozos de piña.

3 Ponga sobre el fuego una cacerola con el azúcar mascabado, el interior de las vainas de vainilla y 2 cucharadas de agua. Cuando obtenga un caramelo claro, retírelo del fuego.

4 Añada la mantequilla al caramelo y mezcle hasta obtener una salsa homogénea y brillante; si lo desea, incorpore el ron añejo a la salsa. Regrese la cacerola al fuego y mezcle constantemente hasta obtener una salsa cremosa y espesa.

5 Distribuya los trozos de piña en un refractario y báñelos con el caramelo. Hornéelos durante 15 minutos y sirva.

Tiempo de preparación:
00:15
Modo y tiempo de cocción:
SIN COCCIÓN
00:15

Panna cotta
DE VAINILLA

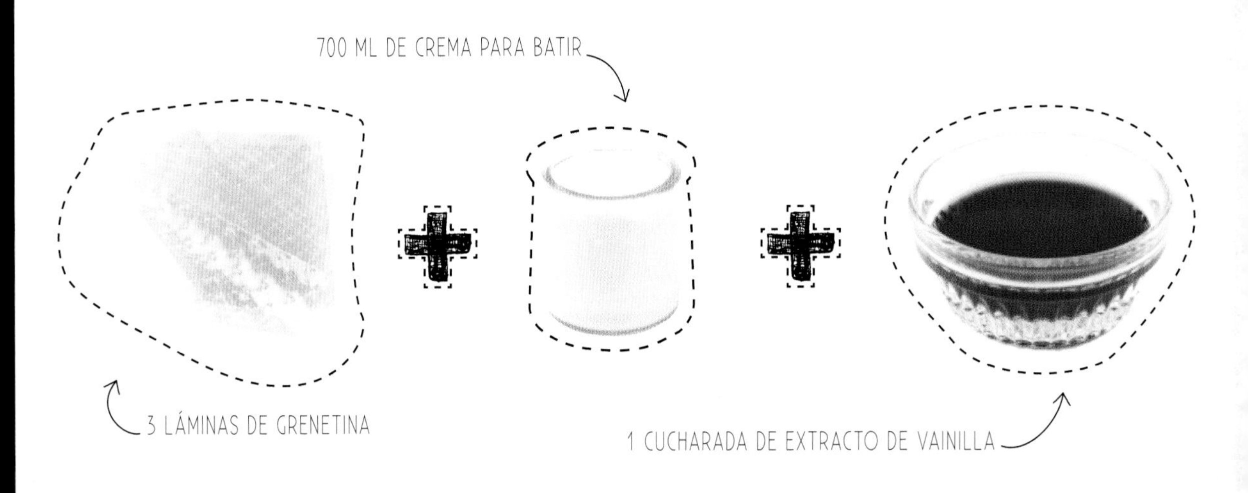

ADEMÁS...

+ 4 CUCHARADAS DE AZÚCAR

REFRIGERACIÓN: 02:00

PROCEDIMIENTO

1. Sumerja las láminas de grenetina en un tazón con agua fría.

2. Ponga sobre el fuego una cacerola con la crema para batir y el azúcar; cuando hierva, retírela del fuego. Escurra las láminas de grenetina y agréguelas a la crema. Mezcle con un batidor globo hasta que la grenetina se disuelva por completo. Incorpore el extracto de vainilla.

3. Distribuya la preparación en 8 vasos o copas para postre y refrigérelos durante 2 horas antes de servirlos.

VARIANTE

Varíe el sabor de las *panna cottas* a su gusto. Antes de servirlas, báñelas con un poco de salsa de la fruta de su elección o con crema de limón, o bien, espolvoréeles encima galletas o chocolate troceado.

Tiempo de preparación:
00:15
Modo y tiempo de cocción:
SIN COCCIÓN
00:04

Tiempo de preparación:
00:15
Modo y tiempo de cocción:
SIN COCCIÓN
00:00

Cremas
DE MANGO

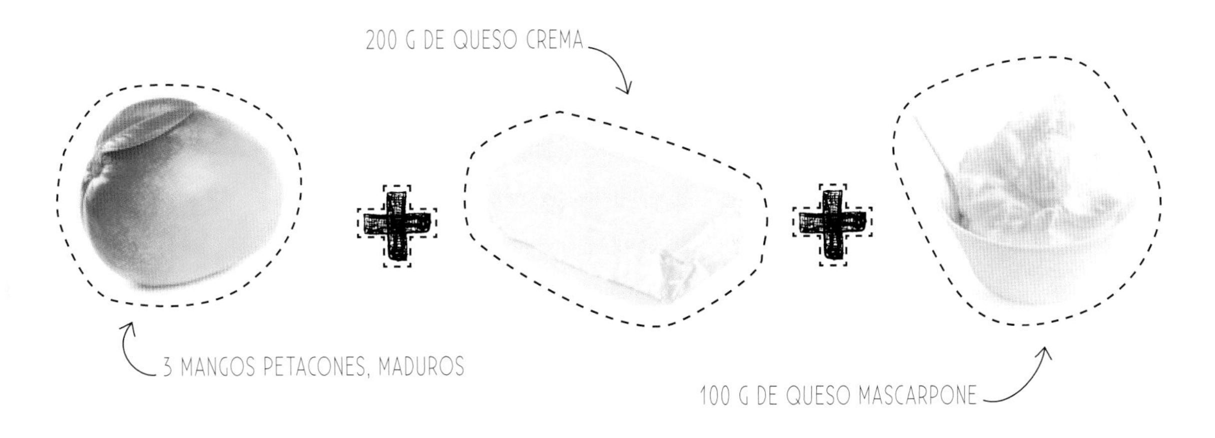

ADEMÁS...

+ 100 ML DE CREMA PARA BATIR
+ AZÚCAR GLASS, AL GUSTO

PROCEDIMIENTO

1 Extraiga la pulpa de los mangos y lícuela con la crema para batir y los dos quesos hasta obtener una preparación lisa y cremosa.

2 Pruebe la crema y endúlcela con azúcar glass al gusto.

3 Sirva las cremas en 8 platos para postre y resérvelas en refrigeración hasta el momento de servirlas.

CONSEJO

Para un postre más sofisticado, derrita un poco de mantequilla en un sartén sobre fuego medio y saltee algunas rebanadas de mango hasta que se doren ligeramente. Retírelas del sartén y resérvelas. Vierta un poco de ron añejo en el sartén donde salteó el mango y mezcle hasta que obtenga una salsa ligeramente espesa. Sirva las rebanadas de mango sobre las cremas y báñelas con la salsa de ron.

Tarta
DE PRALINÉ ROSA

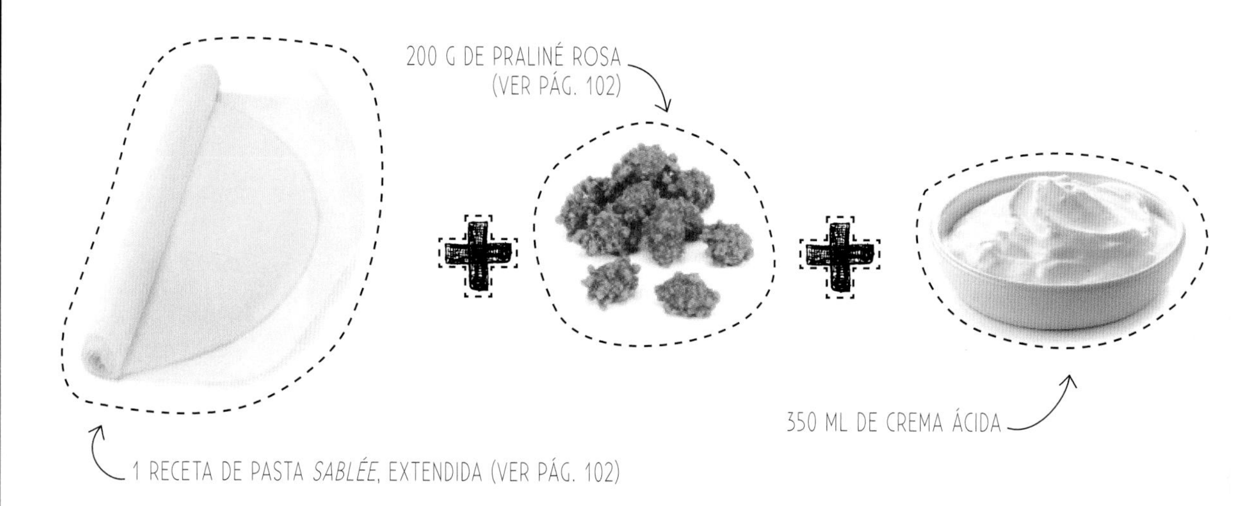

CONSEJO

Esta tarta es ideal para prepararse en moldes para tarta individuales.

PROCEDIMIENTO

1 Precaliente el horno a 180 °C.

2 Ponga sobre el fuego una cacerola con la crema y la mitad del praliné rosa; mezcle durante 5 minutos o hasta que obtenga una preparación espesa.

3 Forre con la pasta *sablée* un molde antiadherente para tarta de 23 centímetros y pique el fondo con un tenedor; cubra la masa con papel siliconado y llene el molde con frijoles. Hornee la masa durante 10 minutos. Saque el molde del horno y retire el papel siliconado con los frijoles.

4 Distribuya la crema con praliné en la costra para tarta y espolvoree encima el praliné restante. Hornee la tarta entre 10 y 12 minutos o hasta que en la superficie se formen varias burbujas pequeñas.

5 Sirva la tarta caliente o fría.

Tiempo de preparación:
00:15
Modo y tiempo de cocción:
SIN COCCIÓN
00:30

MASA PARA PIZZA

+ 275 G DE HARINA DE TRIGO + CANTIDAD SUFICIENTE PARA ENHARINAR
+ ½ CUCHARADITA DE AZÚCAR
+ 5 G DE LEVADURA EN POLVO
+ 1 CUCHARADITA DE SAL
+ ¾ DE TAZA DE AGUA TIBIA
+ 1 CUCHARADA DE ACEITE DE OLIVA + CANTIDAD SUFICIENTE PARA ENGRASAR

PROCEDIMIENTO

1 Combine en el tazón de una batidora eléctrica 250 gramos de harina de trigo con el azúcar, la levadura en polvo y la sal. Encienda la batidora y vierta poco a poco el agua y las 2 cucharadas de aceite; bata hasta obtener una masa. Si ésta se siente muy pegajosa, añada poco a poco, la cantidad suficiente de harina para obtener una masa firme. Amase durante 10 minutos o hasta que esté suave y elástica

2 Forme una esfera con la masa, colóquela dentro de un tazón ligeramente engrasado y cúbralo con plástico autoadherente. Deje reposar la masa hasta que duplique su volumen.

3 Coloque la masa sobre una mesa de trabajo ligeramente enharinada y presiónela para sacarle el aire. Forme nuevamente una esfera, cúbrala con un trapo de cocina limpio y déjela reposar durante 10 minutos. Enharine nuevamente la mesa y extienda la masa con un rodillo.

PASTA QUEBRADA

+ 125 G DE MANTEQUILLA A TEMPERATURA AMBIENTE
+ 1 PIZCA DE SAL
+ 250 G DE HARINA DE TRIGO
+ 1 YEMA
+ CANTIDAD SUFICIENTE DE AGUA

PROCEDIMIENTO

1 Acreme en una batidora eléctrica la mantequilla con la sal. Añádale la harina de trigo sin dejar de batir hasta obtener una consistencia arenosa. Finalmente, agregue poco a poco la yema y mezcle hasta obtener una masa; si ésta está muy quebradiza, agregue un poco de agua y mézclela pero sin trabajar demasiado la masa.

2 Forme una esfera con la masa, presiónela hasta obtener un disco grueso e introdúzcalo en una bolsa de plástico. Refrigere la masa durante 2 horas como mínimo o toda una noche.

3 Enharine ligeramente una mesa de trabajo, coloque encima la masa y extiéndala con un rodillo hasta que obtenga un grosor de ½ centímetro. Posteriormente utilícela como indique la receta.

PASTA SABLÉE

+ 100 G DE MANTEQUILLA A TEMPERATURA AMBIENTE
+ 25 G DE AZÚCAR
+ 50 G DE AZÚCAR GLASS
+ 25 G DE ALMENDRA EN POLVO
+ 1 PIZCA DE SAL
+ 1 HUEVO BATIDO
+ 185 G DE HARINA DE TRIGO

PROCEDIMIENTO

1 Acreme en una batidora eléctrica la mantequilla con el azúcar hasta que esta última se disuelva casi por completo. Agregue el azúcar glass, la almendra en polvo y la sal y mezcle bien. Sin dejar de batir, añada poco a poco el huevo batido, y posteriormente, la harina de trigo; bata hasta obtener una masa pero sin trabajarla demasiado.

2 Forme una esfera con la masa, presiónela hasta obtener un disco grueso e introdúzcalo en una bolsa de plástico. Refrigere la masa durante 2 horas como mínimo o toda una noche.

3 Enharine ligeramente una mesa de trabajo, coloque encima la masa y extiéndala con un rodillo hasta que obtenga un grosor de ½ centímetro. Posteriormente utilícela como indique la receta.

PRALINÉ ROSA

+ 150 ML DE AGUA
+ 160 G DE AZÚCAR
+ ⅛ DE CUCHARADITA DE COLORANTE ROSA EN POLVO
+ 1 TAZA DE ALMENDRAS
+ 35 G DE AZÚCAR GLASS

PROCEDIMIENTO

1 Ponga sobre el fuego una olla con la mitad de agua, la mitad del azúcar, el colorante rosa y las almendras. Cuando se forme un caramelo claro transfiera las almendras a un recipiente y mézclelas durante un par de minutos. Añádales la mitad del azúcar glass y mézclela hasta que las almendras estén bien cubiertas. Extienda las almendras sobre un tapete de silicón y déjelas enfriar.

2 Regrese la cacerola al fuego y añada el resto del agua y del azúcar, cuando se forme un caramelo claro, añada las almendras caramelizadas. Retire la cacerola del fuego, y sin dejar de mezclar, añada el azúcar glass restante. Continúe mezclando hasta que el azúcar glass comience a caramelizarse. Extienda las almendras nuevamente sobre el tapete de silicón, sepárelas con un tenedor y déjelas enfriar por completo.

3 Muela las almendras caramelizadas en un procesador de alientos hasta obtener la consistencia deseada.

Índice DE INGREDIENTES Y RECETAS

Índice DE INGREDIENTES Y RECETAS (continuación)

EDICIÓN ORIGINAL
Dirección de la publicación: Isabelle Jeuge-Maynart y Ghislaine Stora
Dirección editorial: Agnès Busière
Edición: Émilie Franc
Fotografía: Emanuela Cino
Fotografía complementaria: © Thinkstock © Shutterstock © Larousse

EDICIÓN EN ESPAÑOL
Dirección editorial: Tomás García Cerezo
Editora responsable: Verónica Rico Mar
Coordinador de contenidos: Gustavo Romero Ramírez
Traducción: Ediciones Larousse S.A. de C.V., con la colaboración de Montserrat Estremo Paredes
Revisión ortotipográfica: Joel Arturo Serrano Calzado
Formación: Visión Tipográfica Editores, S.A. de C.V. / Rossana Treviño
Fotografía complementaria: Alejandro Vera Fotogastronómica®
Portada: Ediciones Larousse, S.A. de C.V., con la colaboración de Nice Montaño Kunze

Título original: *Recettes pour ma tribu*
ISBN 9782035904478

Renacimiento #180, Colonia San Juan Tlihuaca, Delegación Azcapotzalco, C.P. 02400, Ciudad de México, México.

ISBN 978-607-21-1325-1
Primera edición, 2016

Este libro se terminó de imprimir y encuadernar en el mes de julio de 2016, en los talleres de Litografía Magno Graf, S.A. de C.V., con domicilio en Calle E No. 6, Parque Industrial Puebla 2000, C.P. 72220, Puebla, Pue.